ÉQUITATION
ÉTHOLOGIQUE

ÉQUITATION ÉTHOLOGIQUE

Élisabeth de Corbigny

Éducation en liberté, à pied et à cheval

Tome I

VIGOT

Chez le même éditeur

Du même auteur

Équitation éthologique, tome II, *2003*
Équitation éthologique, tome III, *2008*
Manuel d'équitation éthologique - Savoirs 1 à 5, 2006

*

Dressage des chevaux - Méthode de John Lyons, 2002

Photographies : Thierry Segard
Illustrations : Yvan Benoist-Gironière
Maquette et mise en page : Linda Skoropad

ISBN : 978-2-7114-1517-5 - Dépôt légal : avril 2007
Imprimé en France par Pollina SA. Numéro d'imprimeur : L50679

À mon maître
John LYONS

Mes remerciements à,

Thierry SEGARD,
pour son remarquable travail photographique,

Claude LUX,

Daniel VIGOT,

Yvan BENOIST-GIRONIÈRE,

Linda BADAIRE.

TABLE DES MATIÈRES

AVERTISSEMENT

Je ne suis pas née dans les chevaux… Mais j'aime les chevaux! Ce que j'ai copié et appris de mes professeurs se trouve rassemblé dans ce livre, et la synthèse que j'en fais aujourd'hui n'est, je l'espère, pas définitive, mais évolutive. Je veux dire par là que « l'équithologie », équitation éthologique, est la recherche permanente d'un meilleur chemin pour arriver à mieux communiquer avec son cheval dans la légèreté et le plaisir partagé.

Tom Dorrance, Monty Roberts, Pat Parelli, Ray Hunt… et bien d'autres sont présents au fil des pages…

Mais celui que je considère comme un véritable maître s'appelle John Lyons. Il est parvenu à un niveau plus élevé que les autres dans le domaine de la communication avec le cheval; son intelligence et sa sensibilité en font un homme de cheval et un technicien équestre hors du commun, sans oublier son immense talent de pédagogue. Je lui rends hommage pour avoir su me donner soif d'apprendre et de chercher…

Ces nouvelles techniques viennent des États-Unis, mais ce que disent les maîtres de notre équitation traditionnelle, de Xénophon à Nuno Oliveira n'est pas bien différent. Les Américains ont simplement eu le génie de savoir « formater » un système simple qui permet à des gens ordinaires, comme moi, de comprendre et d'apprendre. J'espère que ce livre saura établir des ponts entre notre équitation traditionnelle, et ces « nouvelles technologies équestres ».

Quant à vous qui souhaitez apprendre, osez devenir vous-même l'entraîneur de votre cheval : même si vous êtes débutant, même si vous n'êtes pas un spécialiste des chevaux, vous avez le pouvoir d'instaurer entre vous et votre cheval une relation harmonieuse basée sur la confiance et le respect mutuels.

Certains parlent de « chuchoteurs », essaient de masquer les choses simples et de les rendre ésotériques et élitistes, alors qu'elles sont à la portée de toute personne de bon sens qui aime véritablement les chevaux : c'est moins une question de technique qu'une question d'attitude intérieure. Se remettre en question face au cheval, ce n'est jamais facile, mais c'est indispensable, sinon : il vaut mieux faire de la mobylette!

L'ambition de ce livre est donc de partager avec vous ce que j'ai eu la chance d'apprendre et de vous donner envie d'essayer vous-même « d'écouter ce que votre cheval murmure à votre oreille »!

Chapitre 1

Pourquoi cette méthode ?

1. La sécurité

Quelle que soit la méthode employée, il est fondamental de se poser la question: POURQUOI? Pourquoi choisir telle ou telle technique? Quels sont les critères de validation que l'on se donne? La rapidité? L'esthétique?

On rencontre beaucoup trop de chevaux incontrôlables, soit en main, soit à cheval... et c'est dangereux! Ce ne sont pas des chevaux « difficiles », ce sont des chevaux « mal élevés »!

Pour ma part, le seul critère qui valide véritablement cette méthode, est la **sécurité**: quand, par exemple, j'enseigne à un cheval récalcitrant la leçon de van, si je dois terminer à l'hôpital ou bien appeler en urgence le vétérinaire pour recoudre le cheval, c'est que, objectivement, la méthode employée était mauvaise!

Aucun cheval, même s'il vaut des millions, ne mérite que je me fasse écraser un doigt de pied...

Il y a, à l'heure actuelle, bien trop d'accidents liés à l'équitation; lorsque vous ou vos enfants côtoyez des chevaux, osez vous poser la question de savoir si ce que l'on vous fait faire ou ce qu'on leur fait faire vous semble « sécuritaire ». Si la réponse est non, si vous avez un mauvais pressentiment, vous avez sans doute raison: ne faites pas taire cette petite voix et ne craignez pas d'arrêter l'exercice avant qu'il ne soit trop tard! On met trop souvent à la disposition de cavaliers inexpérimentés des chevaux dangereux et mal éduqués; il est de votre droit, en tant que client, et de votre devoir en tant que parents, de refuser d'utiliser de tels chevaux!

2. Le plaisir

L'équitation est un **sport** et un **loisir** : ne l'oublions pas ! Les personnes qui pratiquent cette activité le font très certainement pour le contact avec l'animal et par amour des chevaux : sinon, ils feraient autre chose.

Alors, ne vous cachez pas, n'ayez pas honte de les aimer ! Vous verrez qu'ils vous rendront au centuple l'affection que vous leur portez ! Montrez que vous vous **amusez** et que vous prenez du **plaisir** à pratiquer ce sport !

L'équitation est un sport et un loisir : amusez-vous !

J'aime les chevaux et j'espère que cela se voit ! Si vous êtes comme moi, cette méthode vous permettra très certainement de découvrir une dimension nouvelle dans la relation avec votre cheval.

3. L'efficacité : toutes races, tous cavaliers, toutes disciplines

Je travaille chaque année des centaines de chevaux à l'aide de cette méthode et le résultat est convainquant : les chevaux les plus récalcitrants et les plus délicats changent radicalement de comportement en un temps record… Il m'est arrivé aussi de travailler des mules et des ânes, avec le même succès. Ce procédé se révèle efficace, quels que soient la race, l'âge ou le sexe de votre cheval, **car tous les chevaux peuvent apprendre**.

De plus, cette méthode s'adresse à tous les cavaliers, quel que soit leur niveau : elle est suffisamment simple pour être comprise par des gens comme vous et moi ; elle est suffisamment efficace pour que des professionnels et des cavaliers de haut niveau puissent en tirer parti utilement, afin d'améliorer la performance de leur cheval.

Quant aux différents styles d'équitation, sachez simplement que ce livre n'est en aucune manière un manuel d'équitation « western ». Je pratique pour ma part cette équitation en compétition et j'y retrouve malheureusement trop souvent les mêmes excès et les mêmes violences que dans beaucoup d'autres disciplines équestres…

Ne confondons pas l'équitation « western » et les « **techniques américaines d'éducation du cheval** », qui peuvent s'appliquer à tous les chevaux et à tous les cavaliers.

L'objectif de cette méthode, au-delà de tous critères de races ou de discipline, est donc d'améliorer la relation entre le cavalier et son cheval, à tous les niveaux, afin que la performance du couple soit optimale.
Gardez votre bon sens : les choses doivent rester simples et accessibles à tous, et vous devez pouvoir comprendre et reproduire ce que vous lisez ou apprenez.

Même les chevaux les plus récalcitrants peuvent être éduqués ! Cela ne prend que quelques heures pour leur apprendre à se comporter différemment.

Chapitre 2

Un peu d'éthologie

L'éthologie (étude du comportement animal) est une science qui s'apprend en université et je ne saurais prétendre à aucun titre dans ce domaine.
Gardons-nous cependant de faire de la « psychologie à bon marché » et de prétendre comprendre ce qui se passe dans la tête d'un cheval. Vouloir expliquer à tout prix les réactions d'un cheval en rapport avec son passé ne m'intéresse guère : je ne suis pas psychiatre équin ! Résoudre efficacement les problèmes comportementaux d'un cheval en « réparant » la mécanique du mouvement, tel est l'enjeu de cette méthode. Rien de plus.
En matière d'éthologie, évitons d'échafauder des théories hasardeuses et non vérifiées, et contentons-nous de comparer quelques données de base des comportements équins et humains, pour en tirer un peu de **« bon sens »**.

1. La relation homme/cheval : en américain horsemanship

➲ Prédateur/proie

L'un est un prédateur, l'autre une proie : a priori, nous ne sommes pas faits pour nous entendre... à moins que nous ne fassions l'effort de trouver un terrain d'entente basé sur la confiance et le respect mutuels.
Ce qui m'a frappée, lorsque j'ai commencé à m'intéresser à ces techniques américaines et, notamment, lorsque j'ai vu pour la première fois John Lyons travailler un cheval, ce fut l'ambiance de calme et de sérénité qui régnait entre l'homme et le cheval. Son génie consiste à pouvoir établir avec n'importe quel cheval, en quelques minutes, une relation très forte et une réelle communication grâce à laquelle le cheval devient rapidement un véritable partenaire.

➲ Construire une relation harmonieuse

N'oublions pas une chose : les chevaux n'ont pas besoin de nous ; c'est nous, êtres humains, qui sommes allés les chercher, qui les avons capturés, puis « domestiqués » afin d'en faire nos compagnons de guerre, de travail... et aujourd'hui, nos compagnons de loisir. Il en résulte que nous sommes « demandeurs » d'une relation et, en conséquence, **nous devons faire l'effort nécessaire pour instaurer la relation harmonieuse dont nous rêvons tous**.

Les chevaux se suffisent à eux-mêmes : ils n'ont pas besoin de nous…

Je ne suis pas précisément un apôtre de la non-violence, mais nous avons tous suffisamment de conflits à régler dans la vie professionnelle, familiale, etc. Est-il donc vraiment nécessaire, durant le week-end, de recréer avec notre cheval cette même relation conflictuelle ? Où est le sport, où est le loisir, où est le plaisir ?

Si nous souhaitons établir une relation avec un cheval, nous devons faire l'effort de communiquer dans un langage qu'il comprend.

➲ Trouver un moyen de communication

Pour construire une relation, pour trouver un terrain d'entente, il faut pouvoir communiquer avec un langage commun. A priori, entre le cheval et nous, nous ne parlons pas la même langue et, de toute évidence, aucun cheval ne pourra jamais apprendre à parler! Cela implique que nous devons faire l'effort d'apprendre le langage des chevaux, d'étudier et de reproduire leur mode de communication. Nous devons donc apprendre à **penser cheval**.

Un exemple: entre un polytechnicien et un bambin de trois ans, il n'y a pas beaucoup de façons d'établir une relation: soit le polytechnicien s'accroupit et commence à jouer avec les jouets de l'enfant en utilisant des mots simples et des phrases faciles à comprendre, soit il lui fait un cours sur l'équation du second degré et, dans les deux minutes qui suivent, l'enfant commence à jouer dans son coin, tout seul, en gazouillant avec des mots à lui, sans plus se préoccuper du polytechnicien. Chacun reste dans son monde propre, il n'y a pas de relation: pour établir une **relation** avec quelqu'un d'autre, il faut qu'il y ait une communication entre les deux parties.

Et, la plupart du temps, lorsque nous sommes irrités contre notre cheval parce qu'il ne fait pas ce que nous souhaitons, c'est un manque de **communication** qui est en cause: **ce n'est pas parce qu'il ne veut pas le faire, c'est parce qu'il ne comprend pas ce qu'il doit faire**.

➲ Le cheval « partenaire » et non proie

L'équitation, comme la danse, est le mouvement combiné des deux partenaires: léger, aérien, fluide, une impression d'harmonie se dégage de l'ensemble. Mais mener la danse ne signifie en aucun cas, battre son partenaire!

L'équitation est un travail d'équipe: chacun tient sa part de responsabilité pour bien exécuter la tâche à accomplir; dans une bonne équipe, le leader sait donner des consignes précises, motiver ses collaborateurs en encourageant et récompensant leurs efforts. Tout comme une personne, un cheval qui travaille grâce à sa propre motivation travaille plus généreusement et mieux que celui qui agit sous la contrainte, car ce dernier n'est pas volontaire et cherche à fuir le travail. Dans ce cas, une bonne partie de la force de travail et du potentiel est gaspillée.

Si vous voulez construire une équipe gagnante avec votre cheval, si vous voulez qu'il vous donne tout son potentiel d'athlète, à quelque niveau que ce soit, il faut que vous en fassiez un partenaire généreux et volontaire, et non pas une proie apeurée ou rétive qui utilise une partie de son énergie à contrer vos demandes.

L'éducation transforme peu à peu le cheval en un partenaire volontaire, attentif et généreux.

➲ L'être humain « leader » et non prédateur

La notion de **dominance** dans le « troupeau » que nous formons avec notre cheval, ne doit pas être confondue avec une **domination** par la contrainte et la violence. Dans le premier cas, le cheval respecte son cavalier, non pas parce que celui-ci s'est octroyé d'office la place de chef, mais parce qu'il agit de manière à mériter la confiance de sa monture qui devient généreuse dans le travail. Dans le second cas, le cheval, bien que dominé en apparence, cherche à fuir par tous les moyens la situation dans laquelle il est contraint d'être, et devient de moins en moins généreux dans son travail, pour finir par devenir rétif ou violent.

Si nous voulons devenir pour notre cheval des leaders respectés et dignes de confiance, nous devons nous comporter autrement que comme des prédateurs. Nous devons apprendre notamment à **demander « poliment »** comme dirait John Lyons, au lieu de prendre…

2. Comportements équins

➲ Le cheval, un animal de fuite

Dès que le cheval détecte un danger, son premier réflexe est de s'enfuir et de mettre une certaine distance entre le danger potentiel et lui-même. Ensuite, il s'arrête, observe et analyse la situation pour prendre une nouvelle décision : s'enfuir encore un peu plus loin, ou bien rester là, et reprendre le cours de ses occupations. Aussi longtemps qu'il ne sera pas sûr d'être en sécurité, le cheval va attendre et observer : éventuellement, étant d'un naturel très curieux, il va se rapprocher lentement, par étapes, de l'objet de sa crainte, pour l'identifier et vérifier s'il est justifié d'en avoir peur.

La fuite est un comportement naturel et instinctif chez le cheval.

Un cheval qui « tire au renard » cherche à sortir d'une situation qui lui paraît inconfortable. Le fait de ne pouvoir fuir le fait paniquer. C'est un comportement « naturel ».

➲ L'instinct de conservation

C'est grâce à son instinct de conservation que le cheval a survécu aux millénaires... Nous sous-estimons très souvent la force de cet instinct de survie, qui dicte au cheval des comportements que nous lui reprochons souvent !

Par exemple, lorsque nous sommes irrités contre notre cheval parce qu'il « tire au renard », nous oublions que, de son point de vue à lui, c'est une réaction logique qui répond à une peur viscérale liée à l'instinct de survie et au besoin de fuite.

En toutes circonstances, le cheval va rechercher la solution qui, de son point de vue, lui permet d'éviter le danger et lui apporte le maximum de confort et de sécurité.

➲ La capacité d'apprentissage

Le cheval possède une capacité d'apprentissage nettement supérieure à l'homme : pourquoi ? Parce que, en tant que proie, il doit s'adapter rapidement à l'environnement, contrairement à l'être humain, qui adapte l'environnement à lui-même. Qui dit **capacité d'adaptation** dit faculté d'apprentissage, et c'est par le même type de procédé que le cheval apprend très rapidement un nouveau type de comportement, alors que nous, êtres humains, changeons très lentement et difficilement.
Un cheval qui a été battu, qui a mordu ou tapé pendant quinze ans, peut, en une journée, changer radicalement de comportement, alors que les humains ont besoin de plusieurs années pour résoudre leurs problèmes et changer leur comportement – si toutefois ils y arrivent !

➲ La capacité de mémoire et d'anticipation

Le cheval sait très facilement mémoriser les événements et **anticiper les séquences d'un même scénario** ; cela nous joue souvent des tours lorsque le cheval se fait peur, au même endroit, même un an après y être passé, ou lorsque, en compétition, il anticipe les difficultés du parcours.
Mais cela peut jouer en notre faveur si nous savons utiliser cette capacité : lorsque nous apprenons un exercice à notre cheval, nous devons mettre au point un scénario que nous allons répéter plusieurs fois, jusqu'à ce que le cheval associe systématiquement une action de notre part à une réaction de sa part. Nous créons ainsi une gamme de **réflexes conditionnés** que nous utilisons à notre profit dans le dressage.

➲ La capacité d'attention

Le cheval, contrairement à l'homme, peut soutenir son attention pendant très longtemps, pour ne pas dire qu'il est attentif en quasi permanence : en effet, à l'état

Même couchées dans leur pré, ces juments surveillent l'environnement et sont attentives.

sauvage, il doit sans arrêt avoir les sens en éveil, surveiller son environnement, les éventuels prédateurs, ses congénères dominants, leurs signaux...
Un cheval, qu'il soit jeune ou vieux, peut donc soutenir son attention au travail pendant plusieurs heures d'affilée sans se fatiguer, si tant est que nous puissions l'accompagner en soutenant la nôtre : en ce qui nous concerne, il semble que nous sommes incapables de soutenir notre attention plus de 45 minutes !

➲ La paresse

Comme nous, le cheval est paresseux : moins il en fait, mieux il se porte ! Tous les chevaux, sans exception, sont paresseux, dans la mesure où ils cherchent à adopter la solution du moindre effort ; à nous, donc, de savoir mettre à profit cette donnée de base.
Si je propose à un cheval de trotter sur le cercle ou bien de rester arrêté, immobile, à côté de moi, il va choisir de rester à l'arrêt, à condition bien sûr qu'il se sente bien et en sécurité à mes côtés !
Tout au long du dressage de notre cheval, nous devons mettre à profit cette donnée en récompensant souvent par des pauses, même courtes, juste après un effort d'apprentissage lors d'un mouvement difficile.

➲ L'ordre hiérarchique

Le cheval vit en troupeau organisé en une hiérarchie sociale : entre deux membres du groupe s'instaure forcément une relation entre un dominant et un dominé. En revanche, il faut savoir que cette relation n'est pas « transitive » : c'est-à-dire que si A domine B, et que B domine C, cela ne veut pas dire que A domine C.

Dans le troupeau existe un ordre hiérarchique : dès la naissance, le poulain apprend à respecter l'individu dominant.

Contrairement aux idées reçues, l'étalon n'est pas le plus haut placé dans la hiérarchie ; dans la plupart des groupes, une jument dominante fait la loi ! Quand au rythme de vie quotidien, choix des pâturages, points d'eau, etc. le troupeau, en général, suit une jument d'expérience, considérée comme un leader respecté.
Il est donc naturel et spontané pour le cheval de se mettre sous la protection d'un dominant, mais en l'absence d'un leader digne de confiance, il devient lui-même dominant et prend les décisions qui s'imposent pour sa propre survie.
Malheureusement, nous oublions le plus souvent que **confiance et respect se méritent**, mais ne se volent pas : on peut éventuellement inspirer de la confiance et du respect à quelqu'un, on ne peut en aucun cas les lui prendre de force.
Cela veut dire que nous devons faire l'effort de gagner la confiance et le respect de notre cheval, sinon celui-ci n'a aucune raison valable de rester avec nous et nous sommes alors en présence d'un cheval qui s'échappe de nous, physiquement ou mentalement. Un cheval qui bouge au montoir, qui rue, qui mord ou qui tape est un cheval dominant. Aucun de ces chevaux ne nous considère comme son leader.

3. Comportements humains

Pour améliorer la qualité de notre relation avec notre cheval, nous devons **nous remettre en question** et travailler énormément sur nous-mêmes pour développer nos qualités et améliorer nos points faibles.

➲ Augmenter notre capacité de concentration

La capacité de **concentration** est l'une des qualités primordiales que nous devons acquérir si nous voulons travailler efficacement avec un cheval. Les Américains parlent de « **focus** », ce qui correspond à la capacité de se concentrer au maximum sur le mouvement que nous voulons obtenir – plutôt que de regarder ailleurs, de bavarder, ou de surveiller ceux qui nous observent.
Obligez votre cerveau à construire une **image mentale** très précise du mouvement que vous voulez obtenir et concentrez-vous dessus à 100 % jusqu'à parvenir au résultat. Mais surtout, n'ayez jamais dans la tête une image mentale négative. Par exemple, ne pensez pas que votre cheval va refuser l'obstacle, car le langage de votre corps exprimera inconsciemment cette pensée et donnera implicitement au cheval l'ordre de refuser !

➲ Développer notre capacité d'observation

Contrairement au cheval qui, pour survivre, doit en permanence être aux aguets dans son environnement, nous ne sommes pas habitués à véritablement observer ce qui nous entoure : nous sommes bien trop occupés par notre monde intérieur pour être vraiment attentifs au monde extérieur ! C'est cependant un point important que nous devons travailler.

Observer les chevaux au pré nous permet de mieux comprendre leur mode de communication dans le troupeau.

Notamment, dans le travail en liberté, pour pouvoir maîtriser tous les exercices décrits dans les chapitres suivants, nous devons absolument aiguiser notre sens de l'observation : si nous savons regarder et être attentifs, le cheval nous « dit » énormément de choses grâce à d'infimes détails de postures, de mouvements, de regards ; à nous d'apprendre à les observer et à les comprendre. Pour ma part, de longues séances passées dans les prés, au milieu de mes chevaux, m'en ont appris davantage sur leur mode de communication que le meilleur livre d'éthologie !

➲ Améliorer nos réflexes physiques

En ce qui concerne la coordination des gestes et les réflexes, nous sommes sous-doués par rapport aux chevaux. Les chevaux sont des animaux très réactifs, et si nous voulons être en sécurité avec eux et travailler efficacement, nous devons absolument améliorer la vitesse de transmission entre l'information perçue par nos sens, notre œil ou notre main, et la réaction à cette information.

« **Feeling** and **timing** », comme le disent les Américains, deviennent des notions d'une importance capitale si nous voulons obtenir un cheval à la fois réactif, léger et sous contrôle. Nous devons notamment apprendre à notre main à percevoir la moindre cession de la part de la bouche du cheval et à réagir immédiatement en « rendant », en relâchant la rêne.

➲ Contrôler notre corps

De la classe maternelle au baccalauréat, nous avons passé des heures, assis sur un banc d'école ; notre éducation a, d'une certaine manière, fabriqué des générations de handicapés sensoriels : la conscience et le contrôle de notre corps ont été relégués au rang des choses secondaires. Nous avons du mal à **écouter nos sens et à coordonner nos gestes**.

Lorsque nous sommes à cheval, il nous est très difficile d'acquérir l'indépendance des aides, de demander à nos mains et à nos jambes d'effectuer des mouvements précis indépendamment les uns des autres, tout en restant en équilibre et décontractés.

C'est pour cette raison que je fais pratiquer aux cavaliers débutants des exercices à une rêne, afin de leur apprendre notamment l'indépendance des deux mains, indispensable à toute équitation. Quand au travail à pied, c'est aussi un excellent exercice pour apprendre à « bouger » de manière synchronisée avec les mouvements du cheval, ce qui nous prépare au travail monté.

➲ Améliorer nos réflexes mentaux : anticiper

Le cheval, nous l'avons dit, est un animal réactif : si nous voulons ne pas être sans arrêt en retard sur les mouvements non contrôlés qu'il prend vite l'habitude d'effectuer, nous devons entraîner notre cerveau à **décider rapidement**. Nous devons anticiper en permanence sur les événements et aiguiser nos réflexes mentaux.

Le travail en liberté est, sur ce point, un excellent outil d'éducation du cavalier, car celui-ci peut prendre conscience de la lenteur de ses réactions neuronales, face à un cheval dont il ne peut contrôler le moindre mouvement. Cela lui apprend à se placer au bon endroit, et à se déplacer rapidement en anticipant en permanence, ce qui lui sera utile à cheval.

➲ Contrôler nos émotions

Là aussi, les chevaux sont d'excellents éducateurs : comment contrôler leurs mouvements si nous ne contrôlons pas nos nerfs ? Lorsque nous allons à la rencontre de notre cheval, nos humeurs et nos soucis doivent rester au vestiaire. John Lyons dit souvent que la seule émotion autorisée en présence d'un cheval, est le **sens de l'humour** !

Lorsque vous sentez la moutarde vous monter au nez, prenez du recul par rapport à la situation et regardez-vous avec les yeux de

Obligez votre cerveau à construire une image mentale très précise du mouvement que vous voulez obtenir.

Nous devons absolument améliorer le temps de transmission entre l'information perçue par nos sens, notre œil ou notre main et la réaction à cette information.

Nos humeurs et nos soucis doivent rester au vestiaire.

votre cheval : vous verrez à quel point vous paraissez ridicule lorsque vous vous énervez !
Si vous n'arrivez pas à faire monter votre cheval dans le van, apprenez à rire et à vous moquer de vous-même, et ne prenez pas comme un affront personnel la difficulté qu'a votre cheval pour comprendre l'exercice demandé : s'il ne comprend pas, c'est que le professeur, c'est-à-dire vous, n'est pas assez bon !

➲ Faire taire notre ego

La **remise en question** personnelle est l'une des choses les plus difficiles que nous devons apprendre à faire lorsque nous sommes avec notre cheval ; en effet, quand le cheval commet une erreur, nous avons tendance à prendre la chose comme un affront et à l'accuser de tous les torts. Nous oublions que c'est le point de vue du cheval qui compte et non le nôtre.
Notre tempérament prédateur prend le dessus et nous avons du mal à faire taire notre ego blessé, réagissant avec orgueil lorsqu'il ne devrait y avoir que de la modestie et de l'écoute ; c'est ce qui crée le plus souvent une situation de conflit, dans laquelle s'opposent gagnant et perdant. Ensuite vient la violence, née de la conscience de notre propre impuissance et de la frustration éprouvée... Pourtant, il n'y a pas de mauvais élèves : il n'y a que des mauvais professeurs !

➲ Considérer le point de vue du cheval

Le cheval a toujours raison ; en effet, lorsque nous considérons les choses de son point de vue et non du nôtre, nous nous apercevons que toutes ses attitudes, toutes ses réactions sont motivées et fondées : elles sont la résultante d'une situation donnée qui induit un certain type de comportement.

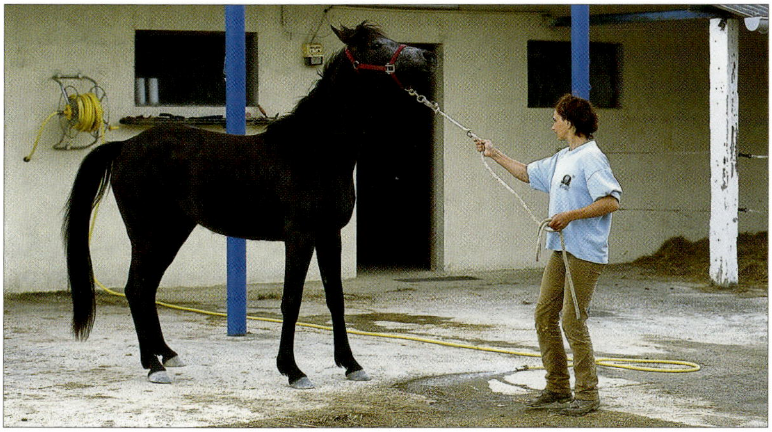

Ce cheval ne « tire » pas pour « embêter » sa cavalière. S'il pouvait, s'il savait faire autrement, il le ferait... D'où l'intérêt de l'éducation.

Si notre cheval fait quelque chose qui ne nous convient pas – par exemple, s'il refuse d'embarquer dans le van – il a certainement toutes les bonnes raisons de le faire, de son point de vue à lui. **Le cheval ne pense pas en termes de bien ou de mal** : il réagit instinctivement à certains stimuli. Il choisit donc, en toutes circonstances, la solution qui lui paraît la meilleure pour lui, pour son confort, pour sa préservation.
Le cheval ne cherche pas à nous agacer lorsqu'il fait des bêtises : s'il pouvait, s'il savait faire autrement, il le ferait. **Les chevaux ne sont pas nés pour nous empoisonner l'existence : ils ont bien autre chose à faire !**

***

En conclusion, ce sont en quelque sorte les chevaux qui nous éduquent et nous « dressent », car il faut faire beaucoup d'efforts sur nous-même pour réussir à communiquer avec eux.
Ils savent en fait déjà tout faire : levades, croupades, cabrioles, changements de pied... Et pourtant, très rares sont les cavaliers qui savent le leur demander !
Je ne qualifierai donc pas cette méthode de « naturelle », car il n'est pas naturel pour nous de nous comporter autrement que comme un prédateur, et il n'est pas plus naturel, pour le cheval, de fonctionner en équilibre et d'être léger, sans s'appuyer sur la main ou sur la jambe du cavalier.

Chapitre 3

Quelques grands principes

LE CONTRÔLE DU MOUVEMENT

Ce cheval me signifie très clairement : « Bouge de là ! »… Il est dominant.

Par le fait que je l'oblige à « bouger de là », je redeviens le « leader ».

Puisque je suis le « leader », le cheval devient attentif à mes demandes.

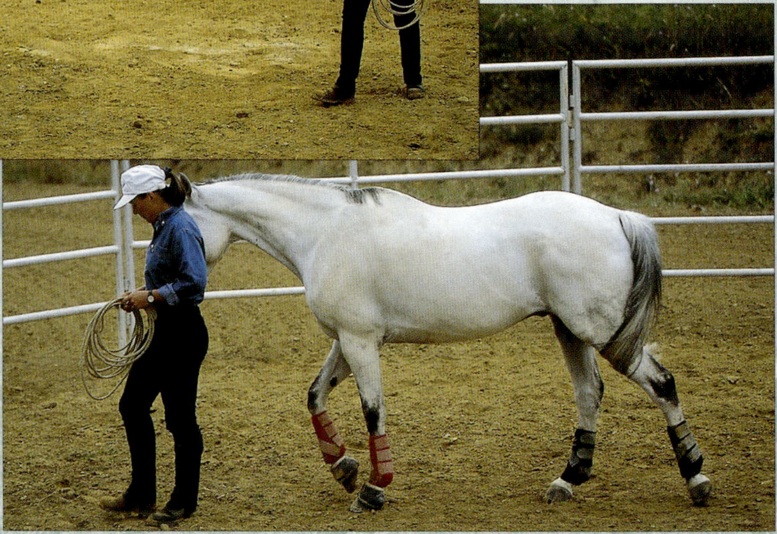

Je contrôle donc ses mouvements en toute sécurité. Il est devenu « partenaire ».

1. Résumé de la méthode

Améliorer la ***sécurité***
par le ***contrôle***
des ***mouvements*** du cheval
en lui apprenant à ***céder à la pression***
dans les trois parties principales de son corps :
la ***tête***
les ***hanches***
les ***épaules***

➲ La sécurité

Nous avons dit en préambule que la sécurité est notre objectif prioritaire : c'est le critère principal qui valide le choix des méthodes et des exercices utilisés. En effet, aucun cheval ne justifie que nous soyons blessés…

Si nous essayons d'analyser la cause première de tous les accidents, nous nous apercevons qu'elle est unique et simple : **c'est le manque de contrôle des mouvements du cheval qui provoque les accidents.** Que se passe-t-il lorsque nous tombons de cheval, suite à une violente ruade, que se passe-t-il lorsque nous nous faisons taper ou mordre ou lorsque tout simplement, notre cheval nous écrase un doigt de pied ? Il a effectué des mouvements incontrôlés qui nous blessent ou blessent quelqu'un d'autre.

➲ Le contrôle du mouvement

Personne ne peut obliger un cheval à rester immobile : même attaché, même entravé, même enfermé dans un van, un cheval peut encore bouger suffisamment pour être dangereux.

En revanche, on peut toujours obliger un cheval à bouger ; et c'est d'ailleurs comme cela que le dominant affirme son leadership dans le troupeau.

Faire bouger notre cheval et contrôler ses mouvements devient donc notre objectif prioritaire : et c'est par le contrôle progressif de tous les mouvements de mon cheval que je vais pouvoir obtenir les conditions de sécurité optimales.

➲ Céder à la pression

Céder à la pression est la notion la plus essentielle que nous devons retenir si nous voulons comprendre comment éduquer notre cheval et contrôler ses mouvements. Comme tous les êtres vivants, la tendance naturelle du cheval est de résister à la pression et non d'y céder. Quand vous poussez sur le poitrail d'un cheval pour le faire reculer, s'il n'a pas appris à céder à la pression, il poussera plus fort : c'est instinctif.

Nous-même réagissons de la même manière : **céder à la pression physique ou psychique est un comportement appris, et non un comportement naturel**.

Apprendre au cheval à céder à quelques grammes de pression de nos jambes ou de traction des rênes ou de la longe, devient donc une priorité dans l'éducation de notre cheval, pour pouvoir contrôler ses mouvements.

➲ Les trois parties principales : tête, hanches, épaules

Rendre les choses simples et faciles pour tout le monde est l'originalité de cette méthode. Avant de prétendre pouvoir contrôler l'ensemble du cheval, il est logique d'apprendre d'abord à contrôler chaque morceau séparément. Et d'un point de vue strictement mécanique, on peut décomposer le cheval en trois parties principales : la tête et l'encolure, les hanches et les épaules.

Tout mouvement d'équitation, quel qu'il soit, est un mouvement combiné de ces trois parties. Lorsque l'on sait parfaitement bien dissocier les trois morceaux, tête, hanches, épaules et les contrôler séparément, on peut, par la suite, les associer dans des mouvements plus complexes.

2. Éthologie appliquée

➲ Le jeu

L'éducation ne doit en aucun cas être confondue avec « faire jouer notre cheval », même si l'apprentissage des exercices peut et doit être enseigné de manière ludique, pour le cheval et pour nous-même. Les chevaux, surtout jeunes, jouent entre eux : ils font la course, se tamponnent, se provoquent dans des simulacres de bagarres, comme le feraient des chatons ou des chiots. Mais il serait dangereux d'apprendre à un poulain ou de laisser un cheval « jouer » avec nous.

Quand nous sommes en présence d'un jeune poulain, nous avons toujours tendance à oublier qu'un jour il pèsera 500 kg ou plus ! Et par plaisir, nous le laissons prendre l'habitude de « jouer » avec nous, c'est-à-dire que nous l'autorisons à faire avec nous ce qu'il fait naturellement avec ses congénères… Il nous bouscule un peu, envahit notre espace, nous mordille pour avoir des câlins… Lorsqu'il pique un galop avec les autres poulains, il passe juste à côté de nous et nous envoie une belle ruade de gaieté, et nous rions, en trouvant très drôle d'avoir échappé de justesse à ses postérieurs… Mais ce n'est pas drôle ! Un jour, « sans le faire exprès », notre gentil poulain nous écrasera littéralement les doigts de pieds, lorsque nous l'emmènerons au pré et là, d'un seul coup, nous nous mettrons très en colère en le traitant de tous les noms !

Un poulain qui bouscule sa mère en jouant ne lui fait pas mal. En revanche, il doit apprendre très rapidement que « jouer » avec nous est interdit.

Et pourtant, qui lui a appris à le faire ? Nous, en acceptant qu'il fasse avec nous les mêmes jeux que ceux qu'il pratique avec ses congénères de prés. Qui donc devrait être puni ? Nous, car le cheval n'est pas censé savoir que nous sommes plus fragiles que lui et qu'une simple ruade peut nous envoyer à l'hôpital !
Si nous voulons être justes avec notre cheval, nous devons éviter de lui apprendre certaines choses que, par la suite, nous allons sanctionner. Soyons logiques et cohérents avec lui ! Lorsque nous sommes en présence d'un cheval, nous ne devons pas le laisser effectuer des mouvements non contrôlés, ou sinon, nous allons au-devant de risques d'accidents graves, pour nous ou pour d'autres.

➲ « Bouge de là »

Nous avons vu, dans le chapitre précédent, l'organisation sociale du troupeau et l'ordre hiérarchique qui y règne : entre chacun des membres du troupeau existe une relation de dominance qui est à la base de toute relation sociale. Le cheval dominé suit son leader, il a confiance en lui, le respecte et reste attentif en permanence à ses moindres gestes.

« BOUGE DE LÀ! »: LE LANGAGE DU TROUPEAU

L'étalon « palomino » s'approche de la jument alezane.

Celle-ci répond par une ruade : « Bouge de là! ».

Le « palomino » encaisse le coup et s'efface...

... Provisoirement, car il se prépare à riposter.

La jument alezane se sauve avant la ruade : elle « bouge de là! ».

« BOUGE DE LÀ ! » : L'IMITATION DU LANGAGE DU TROUPEAU

La jument me fonce dessus, avec l'intention de me faire « bouger de là ».

Je réagis en la repoussant : je fais mine de la « charger ».

Elle semble surprise de ce qui lui arrive, freine et amorce l'esquive.

Mon « langage du corps » se fait plus « agressif », sans toutefois la toucher : je n'en ai pas besoin.

L'incident est clos : elle accepte de « bouger de là ».

*** ATTENTION : CHEVAUX AGRESSIFS**
(cf. page 74)

Dans le couple que nous formons avec notre cheval, nous avons besoin d'établir cette relation de **dominance**, afin que notre cheval nous écoute et que nous puissions contrôler ses mouvements. Mais comment devenir leader dans le « troupeau » que nous formons avec notre cheval ? C'est en imitant le langage des chevaux et en nous comportant comme un cheval, que nous pouvons nous faire accepter comme un leader respecté.
Si nous observons deux chevaux qui se rencontrent pour la première fois dans un pré, ils s'approchent, se reniflent et, dans les dix secondes, l'un des deux « **fait bouger** » l'autre : le dominant s'exprime par des mimiques corporelles, oreilles couchées en arrière, fouaillements de queue, arrière-main qui se tourne ou bouche qui s'ouvre pour charger et mordre... Le degré d'expression varie selon les circonstances, mais le message est clair : « **Bouge de là !** » Et le dominé s'exécute en général en s'effaçant de quelques centimètres ou de plusieurs mètres, selon le degré d'agressivité du dominant.

Le dominant est celui qui fait bouger l'autre,
Le dominé est celui qui « bouge de là ! »

Entre nous et notre cheval, il se passe en permanence et parfois à notre insu le même scénario : à chaque fois que le cheval nous fait « bouger de là », en nous faisant reculer parce qu'il nous bouscule ou qu'il essaie de nous taper ou de nous mordre, ce n'est pas par méchanceté, c'est simplement parce qu'il nous considère comme inférieur dans l'ordre hiérarchique.
Si nous voulons rétablir notre leadership, nous devons le « faire bouger » et non pas le punir, ce qui inverse immédiatement les rôles.
Lorsque nous perdons le contrôle de notre cheval, notre tempérament de prédateur nous incite naturellement à prendre, à attraper, à nous cramponner à n'importe quoi... Par exemple, si le cheval va trop vite, nous nous accrochons avec les mains et avec les jambes, en essayant d'arrêter le mouvement et en criant « whoa » ! « whoa ! » désespérément...
Pourtant, en cas de problème, le seul bon réflexe à avoir est de :

« Faire bouger quelque chose quelque part. »

Le simple fait de « faire bouger » notre cheval, de provoquer un mouvement sous contrôle, permet de reprendre immédiatement la place du leader et par là même, de capter à nouveau son attention.

➲ Capter l'attention du cheval

Un bon cavalier garde l'attention de son cheval en permanence fixée sur lui et contrôle ses moindres mouvements avec des signes imperceptibles. Dans le cas d'un mauvais cavalier, l'attention du cheval est tournée vers ce qui l'entoure : les autres chevaux, les tracteurs, les drapeaux... Son cheval exécute alors quantité de mouvements parasites, non contrôlés : écarts, piaffé d'impatience...

Cette pouliche n'est absolument pas attentive à ce que je lui demande. Je perds mon temps et elle aussi, car elle ne m'écoute pas.

Capter l'attention de notre cheval, ce n'est pas quelque chose de magique, d'ésotérique ni de psychologique : c'est une notion qu'il faut ramener à un fonctionnement mécanique simple. Pour contrôler l'attention d'un cheval, il faut tout simplement contrôler ses mouvements.

Avoir l'attention du cheval rivée sur nous en permanence est notre objectif prioritaire dans le processus d'éducation.

La tendance naturelle du cheval est de résister à la pression et non d'y céder.

Un jour, « sans le faire exprès », notre gentil poulain nous écrasera littéralement les doigts de pieds lorsque nous l'emmènerons au pré et là, d'un seul coup, nous nous mettrons en colère en le traitant de tous les noms !

Si le cheval va trop vite, nous nous accrochons avec les mains et les jambes, en essayant d'arrêter le mouvement et en criant « Whoa » !, « Whoa » ! désespérément.

Ne vous focalisez pas sur des phénomènes compliqués ou difficiles à gérer : l'attention est une notion abstraite qu'on ne peut ni toucher, ni véritablement mesurer. En revanche, nous pouvons à tout moment faire exécuter à notre cheval un mouvement, le faire « Bouger de là ! », et par là même, ramener son attention sur nous. Par le contrôle du mouvement, nous fabriquons un cheval calme, attentif et généreux dans son travail.

➲ Prendre/apprendre

Nous confondons souvent dominance et domination. Nul homme ne peut être physiquement plus fort qu'un cheval ; en revanche, il peut utiliser des moyens techniques, des outils de contrainte qui vont soumettre le cheval par la force et la brutalité.

Contrôler les mouvements du cheval ne signifie en aucun cas contraindre ses mouvements. Nous avons vu que notre tempérament prédateur nous incite malheureusement plus souvent à prendre qu'à apprendre. Par exemple, nous avons tendance à prendre les pieds d'un cheval, au lieu de lui apprendre à les donner.

Notre tempérament « prédateur » nous incite souvent à « prendre » au lieu d'apprendre au cheval à « donner ». Cette pouliche a appris à donner les pieds, ce qui permet d'agir, dans son pré, sans licol, en toute sécurité.

C'est la même chose pour tous les mouvements de l'équitation : si nous prenons au cheval, si nous contraignons le mouvement par des outils de force (mors sévères, enrènements...) nous perdons la légèreté ; au contraire, si nous apprenons à notre cheval à nous **donner** le mouvement souhaité, nous en faisons un véritable partenaire de danse, aérien et gracieux.

➲ Professeur/élève

Apprendre à notre cheval à donner un mouvement, cela signifie apprendre à nous comporter comme un professeur vis-à-vis d'un élève et non pas comme un prédateur vis-à-vis de sa proie. De notre talent de pédagogue dépendra la rapidité des progrès de notre élève. Si nous voulons qu'il apprenne vite, nous devons lui expliquer lentement, à l'aide d'exercices simples et en décomposant la difficulté. Le cheval, comme l'être humain, apprend grâce à la répétition des exercices.

Lorsque nous créons une situation de stress, nous bloquons chez le cheval toute capacité d'apprentissage en créant une situation de défense, liée à son instinct de survie. À chaque fois que nous disons à notre cheval : « Tu vas le faire, sinon, gare à toi ! », nous créons une situation de conflit dans laquelle il y a un perdant, au lieu de créer une situation d'apprentissage, dans laquelle il y a deux gagnants.

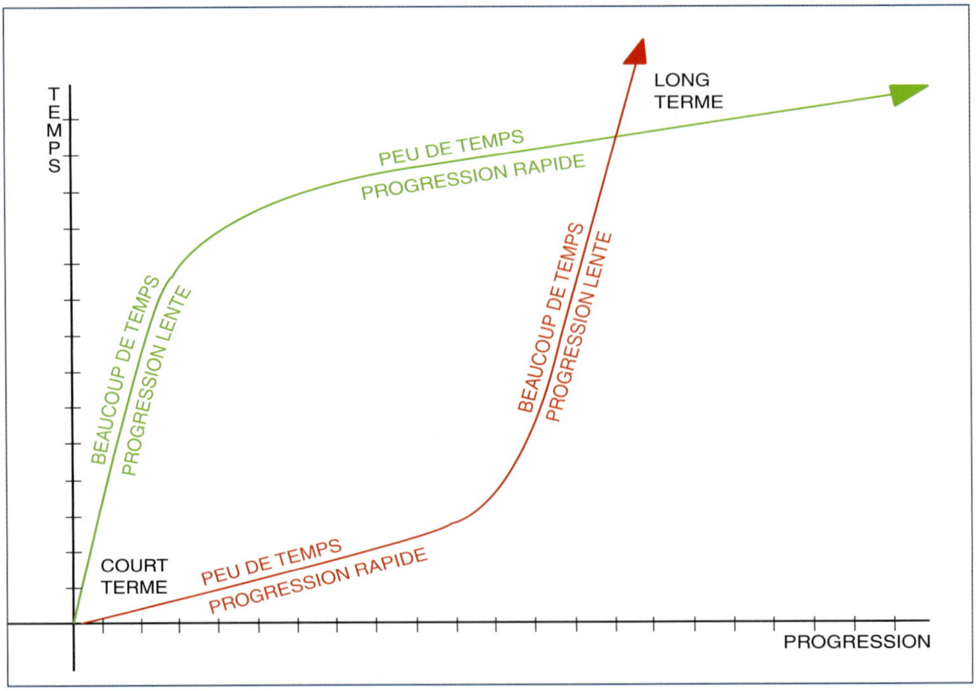

Courbe de croissance exponentielle de la progression du cheval :

Nous constatons sur ce schéma qu'à long terme, notre méthode est plus performante, dans l'apprentissage du cheval. Nous semblons passer beaucoup de temps sur un exercice, mais au bout du compte, l'apprentissage se fait bien plus vite, par la suite, dès que les « micro-phases » du début sont en place.

➲ Confort/inconfort

Rendre confortable la bonne réponse, et inconfortable la mauvaise, telle est la clef. Nous avons vu que le cheval, tout comme nous, est paresseux : moins il en fait, mieux il se porte ! De la même manière, si un exercice ou un mouvement lui demande plus d'effort et crée un inconfort supplémentaire comparé à un autre, il va toujours essayer de choisir la **stratégie de confort optimal**.
Nous pouvons utiliser ceci à notre avantage pour dissuader le cheval de choisir la solution que nous voulons nous-même éviter. Mais il faut pour cela s'appuyer sur des arguments « cheval », c'est-à-dire considérer les choses de son point de vue et non du nôtre, pour le faire peu à peu changer d'avis, en trouvant une motivation valable pour lui.

➲ Motivation

La motivation, comme nous l'explique John Lyons, est ce qui donne au cheval une bonne raison de faire ce qu'on lui demande. Sans motivation, il n'y a aucune raison valable pour que notre cheval exécute tous les mouvements athlétiques que nous lui demandons : il a été mis sur terre pour manger, se reposer, se reproduire et il n'a pas besoin de nous pour survivre. Nous devons donc faire l'effort de trouver des arguments qui le poussent à devenir un partenaire attentif et généreux.
Pour cela, nous allons en permanence nous servir de la notion de confort et d'inconfort, de façon à ce que l'inconfort créé par une certaine situation lui fasse choisir une autre option plus confortable.

3. Les outils pédagogiques

➲ Point de départ / micro-phases / objectif

Un enseignant a toujours un objectif : par exemple, faire passer avec succès au plus grand nombre d'élèves le baccalauréat en fin d'année. Cet objectif est défini de manière précise : il sait exactement quels sont les exercices que les élèves devront savoir maîtriser le jour de l'examen.
En général, il est rare de voir un professeur, en début d'année scolaire, demander à ses élèves de faire un devoir du niveau de l'examen de fin d'année : mettre tout le monde en situation d'échec ne sert à rien. En revanche, un bon enseignant fera faire, en début d'année, des exercices du niveau de fin d'année précédente, pour vérifier que ses élèves ont bien assimilé les bases et pour faire le point sur leurs acquis.

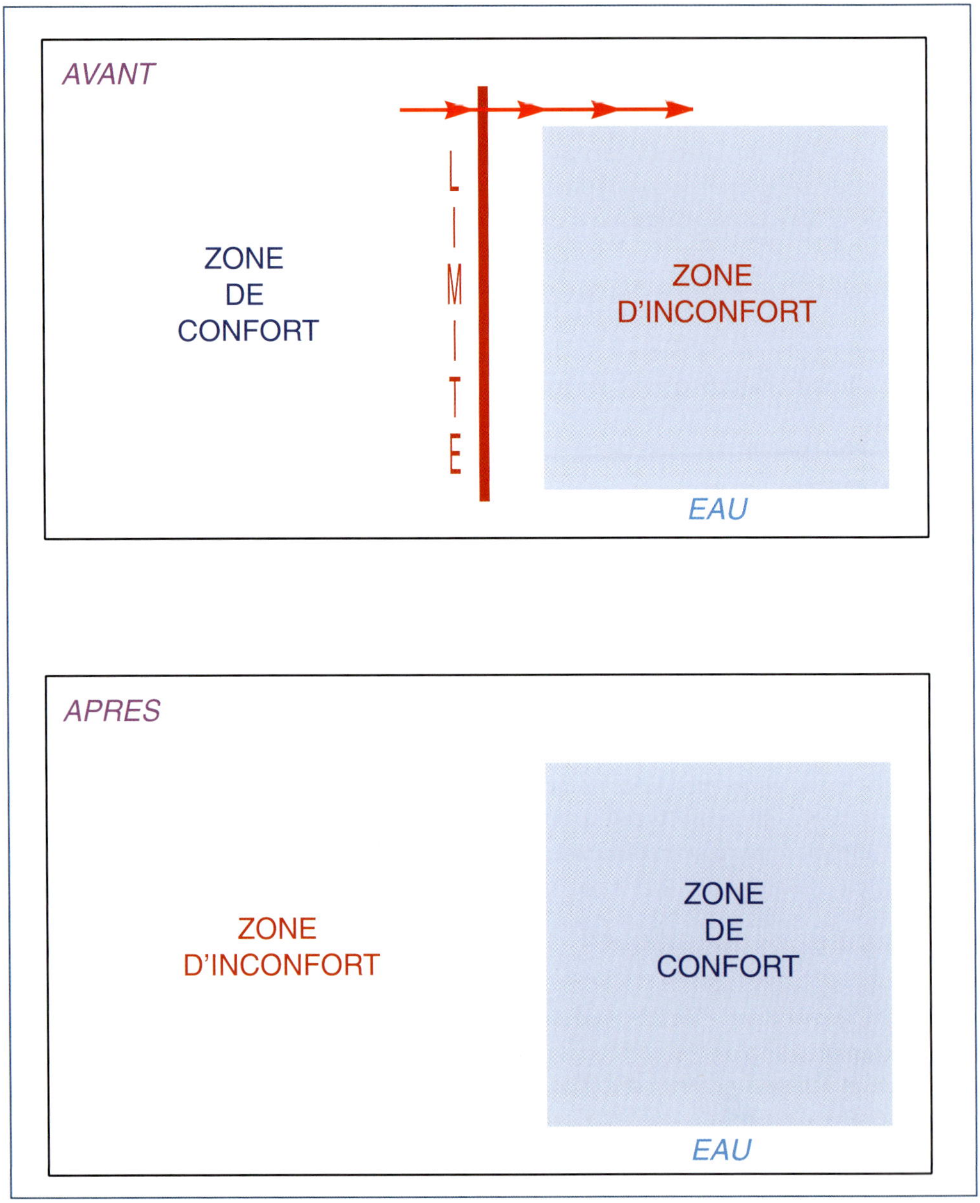

Zone de confort, zone d'inconfort :

Imaginons que nous devions traverser une rivière : celle-ci représente au départ une zone à priori « inconfortable » pour le cheval qui refuse de s'y engager. Il s'agit donc, en travaillant dans la zone dite de confort, de transformer celle-ci en une zone de travail, c'est-à-dire dans la tête du cheval en une zone d'inconfort, et de le laisser se reposer de plus en plus près de l'ex-zone d'inconfort, puis dedans. Cette zone devient alors un endroit ou il fait une pause, et se transforme donc en une zone de confort.

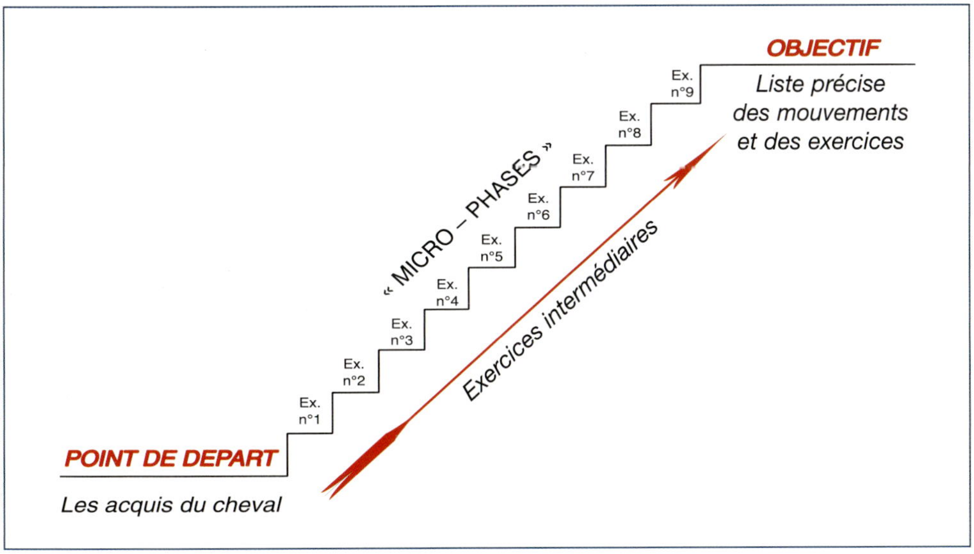

Point de départ, micro-phases, objectif :

Il m'a fallu faire plusieurs milliers de kilomètres et dépenser beaucoup de dollars pour apprendre à ne pas confondre point de départ et objectif !

Avant d'aller voir votre cheval, prenez une feuille de papier et définissez clairement les objectifs de la séance ; inscrivez ensuite votre point de départ : le lieu, les exercices que votre cheval maîtrise parfaitement bien. Décomposez ensuite la difficulté en micro phases, de manière à lui fractionner l'apprentissage en sous-exercices progressifs.

N'oubliez jamais : **si vous voulez qu'il apprenne vite, expliquez-lui lentement !**

Cela va lui permettre de définir le point de départ de son programme d'enseignement. Ensuite, tout au long de l'année, le professeur va mettre au point une stratégie d'apprentissage pour amener ses élèves à progresser vers l'objectif final : il va proposer toute une série d'exercices progressifs, répéter les choses importantes jusqu'à ce que les élèves peu à peu, assimilent et sachent parfaitement exécuter chacun des exercices du programme.

De la même manière, avec notre cheval, nous devons utiliser une stratégie d'enseignement comparable. Cela veut dire :

- Définir un **objectif** d'apprentissage : par exemple, la leçon de van.
- Définir notre **point de départ** : quels sont les exercices que le cheval a déjà assimilés. Sait-il marcher en main, céder à la traction de la longe, reculer…
- Mettre en place une **stratégie d'apprentissage** qui permette au cheval, grâce à des exercices intermédiaires, que j'ai baptisé « **micro-phases** », de progresser vers l'objectif.

Je me permets d'insister sur un point aussi évident parce que, malheureusement, il est souvent difficile pour nous de procéder de cette manière. Notre tendance spontanée consiste en général à confondre objectif et point de départ, en demandant au cheval directement l'exercice de fin d'année : l'échec est alors assuré, et de là naît la frustration qui conduit au conflit, parfois même à la violence et souvent à l'accident.

Prenons l'exemple du cheval qui refuse de monter dans un van. Nous allons l'amener devant le van et essayer de l'embarquer de force au lieu de faire une vraie leçon de van (une fois dans sa vie, durée maximale : deux heures) qui peut-être démarrerait à 50 mètres du van, par des exercices aussi basiques que marcher en main et donner la tête, les hanches et les épaules, en passant sur une planche en bois, ou sous une barre d'obstacle...

➲ Pédagogie à quatre temps : les quatre phases

Si vous souhaitez appliquer les principes décrits plus haut, c'est-à-dire avoir un cheval léger qui répond à deux grammes de sollicitation, vous devez lui apprendre à céder à la pression, en employant toujours la même procédure. Il s'agit tout simplement de décomposer la demande en quatre phases successives, et d'augmenter progressivement l'intensité de manière à ce que le cheval anticipe sur les phases, afin qu'il réponde de plus en plus tôt. Tous les chevaux anticipent sur l'événement, lorsqu'ils voient se renouveler un scénario connu : pourquoi ne pas utiliser efficacement cette capacité d'anticipation ?

Tout cheval doit apprendre à reculer « à la masse d'air », à partir des quatre phases successives qu'on lui a inculquées. Cette jument montre qu'elle est tendue, elle n'est pas prête à reculer en licol ou en selle : ce serait dangereux de la « forcer » à reculer avec des outils de contrainte.

Voici un exemple de ce que vous pouvez obtenir dans la pratique :

- Je veux apprendre à mon cheval à reculer, au sol.
- Je lui mets un licol et une longe et l'amène dans le rond, sur la carrière ou dans n'importe quel endroit où lui et moi, avons la place de bouger sans danger.
- Je prends un stick de dressage et vérifie tout d'abord que mon cheval n'a pas peur de la badine, en le frottant sur tout le corps et sur la tête (s'il a peur, voir page 49, « désensibilisation »).
- Je me place ensuite à un mètre environ devant le cheval et commence ma procédure d'apprentissage :

- **Phase 1** : à 2 mètres environ des antérieurs du cheval et pendant 3 secondes, je le sollicite avec ma voix en frappant le sol légèrement et rythmiquement avec la badine.
- **Phase 2** : Je continue à solliciter de la voix et frappe le sol légèrement plus fort mais cette fois à 1 m 50 des antérieurs, pendant 3 secondes.
- **Phase 3** : Je continue avec la voix en augmentant d'un cran l'intensité et le rythme : je frappe maintenant plus fort et plus près, à 1 mètre environ, pendant 3 secondes.
- **Phase 4** : J'augmente à nouveau l'intensité de la voix et du geste en frappant le sol énergiquement à 50 cm devant les antérieurs du cheval, pendant encore 3 secondes…

Attention : chevaux agressifs (cf. page 74)

- **En 5e phase**, si le cheval n'a toujours pas réagi, je fais mine de le « tuer virtuellement », en frappant le sol de toutes mes forces à 3 cm de ses antérieurs : soyez convaincus, ne faites pas semblant ! Ayez véritablement l'intention de le foudroyer, même si vous ne le touchez pas : vous pouvez « tuer » un cheval en le frappant avec une plume ; inversement, vous ne pourriez sans doute pas le faire en le frappant vraiment, même avec une massue… Alors, pourquoi frapper ? Pourquoi toucher ? L'effet sera le même : c'est l'intention qui compte !

En général, à la phase 5, le cheval fait un bond : « Ouf ! Il a bougé ! ». Aussitôt vous devez vous approcher de lui calmement, le caresser et le féliciter d'avoir (enfin !) compris l'exercice. Même si vous avez les nerfs en pelote, dominez-vous, reprenez le contrôle de vos émotions et faites redescendre immédiatement votre taux d'adrénaline ; vous devez être capable de sincèrement le foudroyer, et la seconde d'après, de sincèrement le féliciter en étant redevenu parfaitement calme et serein.
Si je répète l'ensemble du scénario, en reprenant à chaque fois à partir de la phase 1, il y a de grandes chances pour que le cheval réagisse avant la phase 5, puis avant la phase 4, puis avant la phase 3, etc. Jusqu'à ce qu'il apprenne, grâce au phénomène d'anticipation, à réagir dès la première phase et même, dès la plus légère sollicitation de la voix.

ATTENTION : Ce scénario est celui d'un cheval « lourd » qui ne bouge pas et n'est pas réactif ; si, à un moment quelconque de la procédure, votre cheval réagit et fait un pas en arrière, arrêtez tout, caressez-le et reconstruisez un scénario à 4 phases, en imaginant des phases plus « soft ». Citons quelques exemples.

- **Phase 1** : Je me place face au cheval, je regarde les antérieurs, je claque la langue. Il doit reculer d'un pas. Sinon, je passe à la phase 2.
- **Phase 2** : Regard plus insistant, claquement de langue, léger déplacement de mes épaules vers le cheval.

Si je n'ai toujours pas de réponse :

- **Phase 3** : Regard, claquement de langue, un pas vers le cheval…
- **Phase 4** : Regard, claquement de langue, j'avance vers le cheval et claque ma main contre ma cuisse…

Peu importe à quel niveau de réactivité se situe votre cheval en début de travail : votre objectif, avec les phases successives d'apprentissage, est de le faire anticiper de plus en plus et de le rendre de plus en plus léger et réactif, jusqu'à ce qu'un regard suffise, jusqu'à ce que la masse d'air agisse.
Le plus important est de **ne jamais demander directement avec la phase 5**, car bientôt votre phase 5 deviendra votre phase 1 et, à cheval, vous devrez véritablement massacrer votre cheval avec la cravache ou les éperons pour qu'il bouge. Tous les grands cavaliers le disent : le cheval doit réagir au souffle de la botte, et l'éperon est un outil de finesse et non de force.
La légèreté démarre au sol : éduquez votre cheval à devenir léger avec le système des 4 phases et vous verrez qu'il se transformera, (Xénophon le disait déjà !), en un danseur qui bouge sans contrainte.

➲ Approche/retrait

Nous allons utiliser en permanence cette notion d'approche/retrait dans l'éducation de notre cheval, que ce soit à pied ou à cheval, pour lui apprendre à tolérer ou à répondre à un stimulus.

Prenons quelques exemples :
Avec un cheval très craintif qui ne se laisse pas approcher au pré, je marche dans sa direction ; si je l'observe attentivement et que je vois qu'à 10 m de distance, il commence à penser à s'éloigner, je dois immédiatement m'arrêter, reculer à 15 m, m'approcher à 13 m, repartir à 15 m, m'approcher à 11 m, repartir, m'approcher à 9 m 90, repartir, m'approcher à 9 m 50, reculer, etc. jusqu'à ce que le cheval, par approches et retraits successifs, apprenne que la chose dont il a peur s'en va avant qu'il n'ait besoin de prendre la décision de la fuir. Tous les chevaux sont paresseux et, si la chose qui leur fait peur s'en va avant qu'ils ne bougent pour s'enfuir, ils sont contents !
De la même manière, au débourrage, lors de la leçon de montoir, je monte et je redescends immédiatement plusieurs fois, pour expliquer au cheval qu'il n'a pas besoin de me « faire descendre » pour que je m'en aille !
C'est ce que l'on appelle la désensibilisation.

➲ Sensibiliser/désensibiliser

C'est le piège le plus fréquent dans lequel tombent toutes les personnes qui s'initient à ces méthodes dites « éthologiques ». Ils sensibilisent leur cheval en croyant le désensibiliser et inversement.
Et c'est vrai que, pour un œil non averti, les deux exercices se ressemblent, bien que les objectifs soient diamétralement opposés.

Je marche dans sa direction, et si je vois qu'à 10 mètres de distance il commence à penser à s'éloigner…

… je dois immédiatement m'arrêter, reculer à 15 mètres, m'approcher à 13 mètres, repartir à 15 mètres, m'approcher à 11 mètres, repartir…

… jusqu'à ce que le cheval, par approches et retraits successifs, apprenne que la chose dont il a peur s'en va avant qu'il n'ait besoin de prendre la fuite.

Voici comment cela fonctionne :

- Pour désensibiliser un cheval, il faut **maintenir le stimulus** tant que le cheval bouge et l'enlever dès que le cheval arrête de s'enfuir. Si vous n'avez pas les moyens de vos ambitions, c'est-à-dire si le cheval arrive à s'enfuir loin de l'objet de sa peur ou si vous retirez l'objet de la peur au moment où il bouge, vous le sensibilisez à cette peur.
- Pour sensibiliser un cheval, il faut donc **supprimer le stimulus** quand le cheval bouge ; nous pouvons ainsi sensibiliser le cheval à la jambe du cavalier en exerçant une pression du mollet et en relâchant dès que le cheval y cède et se porte en avant.

Autrement dit, pensez à une mouche : les chevaux sont sensibles aux mouches, car elles s'éloignent lorsqu'ils bougent.
Si vous voulez désensibiliser votre cheval aux imperméables pour être tranquille en randonnée, en cas d'orage, voici comment procéder :

- Mettez-lui un licol et une longe et vérifiez que vous pouvez contrôler la tête, les hanches et les épaules, avec quelques grammes de traction sur la longe (voir chapitre « Travail à pied »).

Roulez en boule l'imperméable de manière à pouvoir en contrôler au début le volume, les mouvements et le bruit.

Vous devez répéter la même procédure d'approches et retraits successifs jusqu'à ce que vous puissiez déployer entièrement l'imperméable, l'agiter autour et au-dessus du cheval

DÉSENSIBILISATION

Nota : si votre cheval est craintif, vous devez absolument le « désensibiliser » aux objets les plus divers, avant de mettre une selle et un cavalier sur son dos !

Je démarre à la tête et je progresse ensuite vers l'encolure et vers l'épaule, par approches et retraits successifs, en revenant à chaque fois vers la tête.

Si je découvre une zone plus sensible, je passe et je repasse au début le plus rapidement possible, puis j'augmente progressivement le temps de contact.

Nota : je regarde attentivement l'expression de la jument, pour « lire » ses réactions à l'avance.

Je suis maintenant placée vers l'arrière main, et la jument semble tout à fait à l'aise avec l'exercice. Je dois bien entendu procéder de la même manière du côté droit.

Roulez l'imperméable en boule de manière à pouvoir, dans un premier temps, en contrôler le volume, les mouvements et le bruit.

- Tenez la longe dans la main gauche et désensibilisez le côté gauche par approches et retraits successifs de l'objet jusqu'à ce que vous puissiez toucher le cheval, puis le frotter sur la tête, l'encolure et l'épaule : débrouillez-vous pour ne pas faire trop peur au cheval de manière à ce qu'il ne bouge pas ses pieds. Si vous avez un doute, arrêtez-vous et reculez avant qu'il ne fasse un pas pour s'enfuir. Si, à un moment, vous faites une erreur en demandant trop et qu'il bouge, continuez à appliquer le même stimulus jusqu'à ce qu'il arrête de fuir, et stoppez immédiatement dès qu'il ne bouge plus.
- Vous devez répéter la même procédure d'approches et retraits successifs, jusqu'à ce que vous puissiez déployer entièrement l'imperméable, l'agiter autour et au-dessus du cheval, sur toutes les parties de son corps, y compris entre les jambes, du côté gauche et du côté droit.
- À chaque fois qu'il fait un effort sur lui-même pour tolérer un « cran » de plus dans la difficulté, sans bouger, vous devez vous reculer et le caresser pour le récompenser.

➲ Récompense/punition

Personnellement, je ne récompense jamais mon cheval en lui donnant des friandises à la main. La raison en est très simple : je n'ai pas besoin de cet artifice, car je peux tout leur apprendre sans l'utiliser. Mes chevaux sont bien nourris et la nourriture n'est en aucun cas la motivation que je veux utiliser pour leur faire effectuer un mouvement contrôlé. Je les éduque à céder à la traction de la longe ou de la rêne, et non pas à l'attraction de la carotte ! De plus, j'estime que cela crée une difficulté supplémentaire. En effet, cela provoque au bout de quelque temps une frustration du cheval qui trouve que la friandise ne vient pas suffisamment vite et il apprend alors à la réclamer ; cela devient sa seule préoccupation, il anticipe sur la récompense, et cela détourne son attention de l'exercice que je veux lui apprendre. Si je leur donne des pommes ou des carottes, je les mets dans la mangeoire à la fin du travail.

CÉDER À LA TRACTION DE LA LONGE, ET NON PAS À L'ATTRACTION DE LA CAROTTE

Le cheval doit apprendre à donner sa tête en réponse à la demande de la longe.

C'est le cheval qui « agit » le mouvement et non pas moi qui « prend le mouvement » par la contrainte.

Nota : remarquez que ma main ne change pas de place : elle demande, et c'est la tête du cheval qui bouge.

Pas besoin d'une carotte pour attirer sa tête : la récompense sera la pause, l'arrêt de la demande.

En guise de récompense, j'utilise la pause, accompagnée ou non d'une caresse. L'avantage de ma main est que, l'ayant toujours à ma disposition, je peux distribuer autant de caresses que je veux, ce qui n'est pas le cas des friandises. Les chevaux sont sensuels et apprécient le contact physique. À ce propos, j'attends toujours une explication sérieuse sur la mode qui consiste à caresser un cheval en le tapant d'une claque sonore avec le plat de la main ! N'oublions pas que les chevaux sont plus sensibles que nous, humains : ils sentent une mouche sur leur poil...

Pour revenir à la récompense, la meilleure des récompenses pour le cheval est l'arrêt de la demande, c'est-à-dire la pause ; à chaque fois que je demande un exercice, un mouvement, je demande, j'attends et je relâche dès que le cheval donne : la caresse vient renforcer l'encouragement, mais c'est surtout la cession qui soulage le cheval et qui l'encourage à devenir généreux et léger dans ses mouvements. Une vraie pause, rênes longues après un exercice difficile est une récompense qui pousse le cheval à bien faire : n'oubliez pas, ils sont tous paresseux !

Quand à la punition, elle est le plus souvent injustifiée : je pars du principe que **cela n'est jamais la faute du cheval**, mais toujours de ma faute. Lorsque le cheval ne fait pas ce que je lui demande, cela prouve que je me suis mal exprimée. Si le cheval fait une bêtise, un mouvement non contrôlé, c'est que j'ai perdu le contrôle.

Punir, c'est être en retard sur l'événement, c'est réagir à quelque chose qui fait partie du passé. Les bons professeurs ne punissent pas, car punir un cheval qui a mal fait ne lui apprend en aucune manière ce qu'il doit faire pour éviter la punition.

4. Concepts utiles

➲ Occupez votre cheval

Plutôt que de punir, la meilleure manière de remédier à tous les problèmes que vous avez avec votre cheval, c'est de l'occuper en permanence. Lorsque vous êtes à cheval, en ballade ou en carrière, efforcez-vous d'avoir un programme dans la tête et de vous concentrer dessus : cela occupe votre cheval à travailler des exercices précis. Demandez sans arrêt de « bouger de là » et d'effectuer tel ou tel mouvement : ainsi, il n'aura pas le temps ni le loisir de penser aux autres chevaux en hennissant, ou d'avoir peur du tracteur qui passe. Cela focalisera son attention sur vous, le leader, et il oubliera le reste du monde !

Par exemple : vous montez un entier chaud et fringuant et vous êtes sur la carrière d'échauffement, juste avant la compétition. Il y a des juments en chaleur tout autour et votre monture commence à hennir, se cabrer, etc.
Que faire ? Punir ? Pourquoi pas, cela ne me gène pas, mais malheureusement je sais par expérience que cela n'est pas efficace longtemps, car le cheval s'habitue vite et se désensibilise à la punition, quelle qu'elle soit.

Vous montez un entier chaud et fringant juste avant la compétition. Il y a des juments en chaleur tout autour...

Alors ? La meilleure méthode consiste à entreprendre immédiatement un exercice précis – petit cercle, épaule en dedans... – qui requiert toute votre concentration et oblige le cheval à « bouger de là », à exécuter un certain nombre de mouvements contrôlés qui ramènent son attention sur vous. De plus, cela le met en condition pour la compétition avec un véritable échauffement, utile et positif !

➲ Soyez celui qui agit, et non celui qui réagit

La punition est une preuve d'incompétence, car elle arrive en réaction à un mouvement incontrôlé du cheval : le cheval agit, et le cavalier réagit (trop tard !).
Inversement, si vous agissez en permanence, si c'est vous qui initiez le mouvement, vous devenez acteur et le cheval réagit en exécutant l'exercice : vous êtes leader, et vous n'avez plus besoin de punir !

➲ Soyez positifs !

Deux méthodes d'éducation existent : celle qui consiste à punir les bêtises, à dire en permanence « Ne fais pas ceci, ne fais pas cela ! » et une autre, qui consiste à occuper en permanence le cheval en lui disant : « Fais ceci, fais cela ! ». Cela s'appelle le contrôle du mouvement.

Ne vous focalisez pas sur les problèmes et concentrez-vous sur les solutions. On peut comprendre les choses de deux manières :

1° Mon cheval est mal élevé et pense constamment aux juments : il est idiot, il va me faire rater mon parcours !

2° Mon cheval est plein d'énergie : j'ai de la chance, je n'ai plus qu'à canaliser cette énergie et à la transformer en impulsion : je vais gagner !

➲ L'erreur est utile

N'hésitez pas à vous tromper : cela permet d'apprendre plus vite. L'art du dressage ne consiste pas tellement à apprendre ce qu'il faut faire, mais surtout à comprendre ce qu'il ne faut pas faire ! Osez essayer des choses nouvelles, ayez de l'imagination et des idées, même si elles paraissent saugrenues…

Sachant que vous n'êtes pas vous-même parfait, tolérez les erreurs de votre cheval : lui aussi a le droit d'apprendre, et le droit de comprendre. Tout phénomène d'apprentissage implique des phases de régression : il faut les considérer comme normales et ne pas s'en offusquer.

➲ N'ayez pas honte d'avoir peur !

La peur est utile et normale. John Lyons dit souvent : « La peur n'est rien de plus que du bon sens déguisé ! » Il ne faut pas avoir honte d'avoir peur des chevaux, car ceux qui n'en ont pas peur sont des gens dangereux qui font prendre des risques à tous ceux qui sont autour.

Quant à vous, qui avez vraiment peur à cheval, je vous donne un bon conseil : apprenez à contrôler non pas votre peur, mais les mouvements de votre cheval. Personnellement, si je suis à bord d'un véhicule qui met ma vie en danger, je descends. Faites comme moi : n'ayez jamais honte de descendre de cheval si vous pensez que vous n'êtes pas en sécurité. Travaillez à pied, jusqu'à ce que vous puissiez contrôler chaque mouvement, et ne montez que lorsque le cheval est attentif et calme.

C'est le sentiment de contrôler les mouvements du cheval qui vous redonnera confiance, et de plus, le fait de vous concentrer sur des exercices précis occupera votre cerveau, focalisera votre attention sur quelque chose de positif, et vous aidera à contrôler vos émotions.

5. La mécanique du cheval

➲ Les trois parties principales : tête, hanches, épaules
Pour décomposer un mouvement d'équitation de manière simple, il faut être capable de l'analyser de la manière suivante :

Quelle partie du cheval doit bouger ?

Dans quelle direction ?

Il est facile de décomposer le cheval en trois parties principales :

- ***la tête,***
- ***les hanches,***
- ***les épaules.***

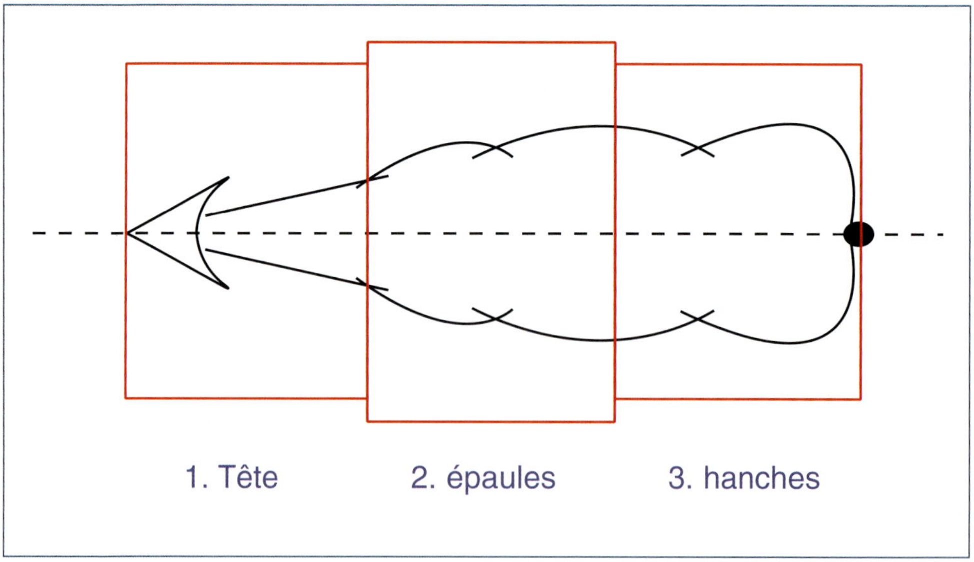

Trois parties principales, six directions :

Si vous savez décomposer chaque mouvement d'équitation en analysant dans quelle direction doivent bouger chacune des trois parties : la tête, les hanches ou les épaules, alors, tout devient beaucoup plus simple !

Chacune de ces parties doit bouger dans l'une des six directions suivantes :

- ***gauche,***
- ***droite,***
- ***haut,***
- ***bas,***
- ***avant,***
- ***arrière***

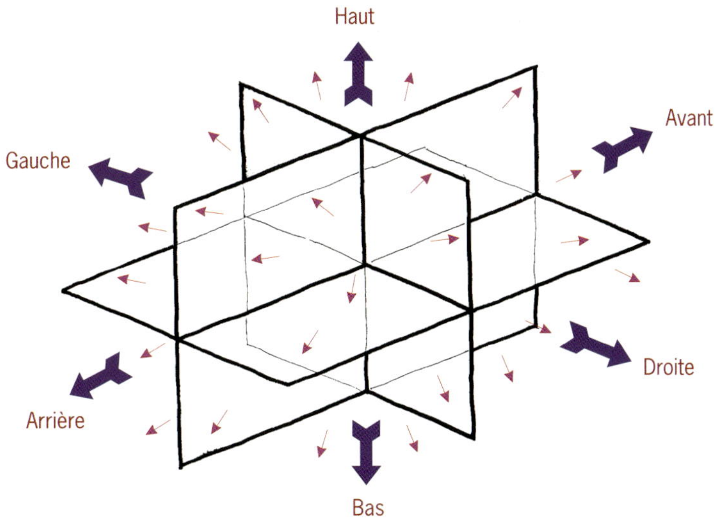

… *Avec, bien sûr, l'infinité des combinaisons intermédiaires.*

Prenons un exemple :
Je veux faire partir mon cheval sur un cercle au galop à main gauche ; décomposons le mouvement de manière simplifiée :
- le postérieur droit va partir en premier,
- ensuite le diagonal droit (antérieur droit et postérieur gauche),
- et en dernier l'antérieur gauche.

Pour prendre le départ (si je m'autorise à « traverser » légèrement mon cheval débutant pour lui faciliter l'exercice), je vais :
- reculer ma jambe extérieure droite et déporter les hanches de mon cheval légèrement vers la gauche,
- actionner ma jambe intérieure gauche à la sangle pour l'impulsion mais aussi pour incurver mon cheval et empêcher l'épaule gauche de tomber vers l'intérieur,
- soutenir cette épaule gauche avec ma rêne intérieure gauche et la déporter légèrement vers le haut et vers la droite,
- demander le bout du nez légèrement à gauche.

Si j'ai « fait bouger » chaque morceau du cheval, tête, hanches, épaules dans la bonne direction, mon cheval est dans la position mécanique idéale pour partir au galop sur le bon pied.

Tout l'art de l'équitation consiste à faire bouger chacune des parties du cheval avec une action la plus légère et discrète possible. Éduquer notre cheval consiste donc à lui apprendre à ***céder à la pression*** *dans les trois parties principales de son corps : la tête, les hanches et les épaules.*

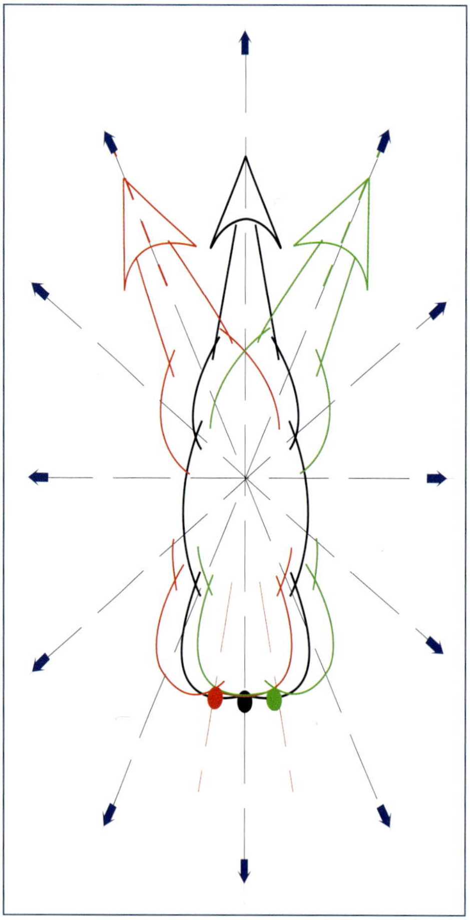

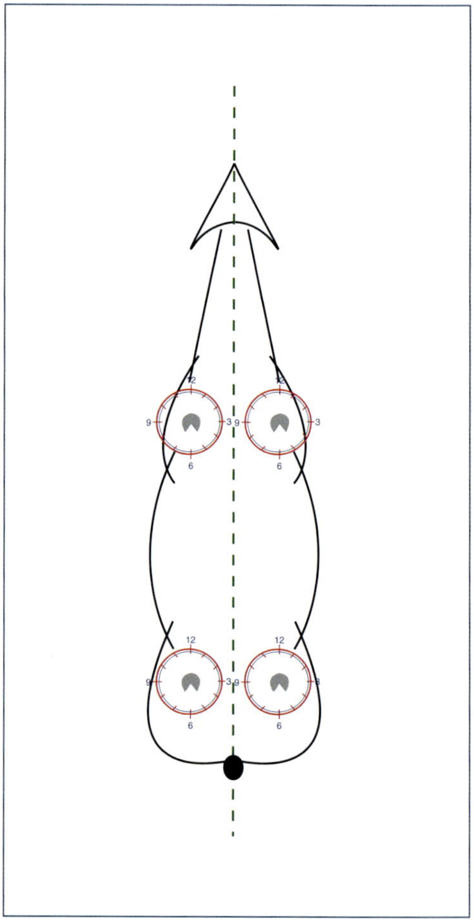

Imaginez l'infinité des solutions :

Si l'on combine les différentes incurvations possibles avec l'infinité des directions, cela nous donne une image de la variété des mouvements possibles en équitation : autant dire qu'il y a donc une infinité d'exercices à travailler, et non pas seulement les quelques mouvements répertoriés de manière traditionnelle !

Placez une pendule virtuelle sous chaque pied :

Pour vous aider à simplifier chaque déplacement, imaginez qu'un cadran horaire " virtuel " est situé sous chacun des sabots : cela vous permettra d'avoir à l'esprit un schéma simple qui vous permet de décomposer chaque mouvement : épaules en dedans, appuyer, pas de côtés, reculer... Posez vous la question suivante : " A quelle heure doit bouger tel pied " ...

➲ La tête

Quel que soit l'exercice que vous voulez réaliser, que vous soyez en liberté, à pied ou à cheval, commencez toujours par éduquer la tête : un cheval qui s'enfuit commence d'abord à s'enfuir mentalement, avant de s'enfuir physiquement. Lorsqu'un cheval est surpris et prend peur, avant même que les pieds aient bougé, l'œil et le cerveau enregistrent les données et ordonnent la fuite. Or nous avons parlé, dans le premier chapitre, de la transformation de cette fuite en mouvement contrôlé, qui est le fondement de toute équitation.
La tête, le regard sont le siège de l'attention, de l'émotion, et des prises de décision.
Beaucoup de chevaux, même bien dressés par ailleurs, refusent par exemple de céder à la pression des mains sur leur tête ce qui est pourtant indispensable si nous voulons que le cheval donne ensuite sa tête à nos mains, par l'intermédiaire des rênes.

➲ Les hanches

Les hanches sont le moteur du cheval, le siège de l'impulsion. N'oublions pas que **le cheval fonctionne en propulsion arrière et non en traction avant**.
Et pour continuer l'analogie avec un véhicule, nous pouvons aussi dire que les hanches sont à la fois l'accélérateur et le frein.
Le cheval doit pousser avec l'arrière main pour avancer mais aussi pour s'arrêter, si nous voulons qu'il s'arrête dans l'impulsion, rassemblé.

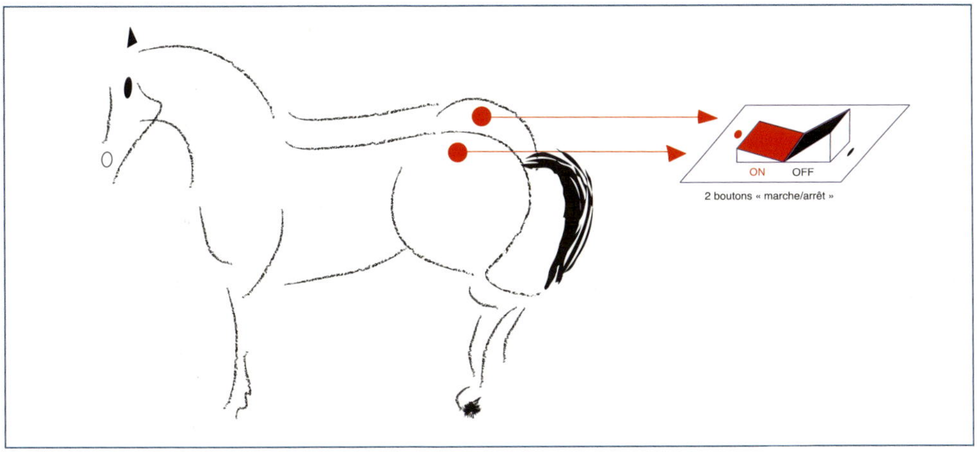

Interrupteurs « marche/arrêt » :

Le cheval fonctionne en propulsion arrière, et non en traction avant : les hanches servent à la fois de moteur et de frein. C'est comme sur n'importe quel autre appareil : le même bouton sert à mettre « ON » ou « OFF », selon la position.

Beaucoup de chevaux, même bien dressés par ailleurs, refusent par exemple de céder à la pression des mains sur leur tête.

Un problème d'épaule se résout en améliorant le fonctionnement de la tête et des hanches. Vous apprenez à ce cheval à donner sa tête, à fléchir son encolure et vous lui enseignez à pousser avec son arrière main.

Il voit une image différente avec chaque œil. C'est ce qui explique qu'un objet ou un mouvement, perçu par l'œil gauche, qui brusquement apparaît dans le champ de vision de l'œil droit, peut perturber le cheval.

➲ Les épaules

Lorsque nous parlons d'un cheval qui se rassemble, nous décrivons notamment un cheval dont l'avant main s'allège, grâce à l'engagement des postérieurs sous la masse.
Les épaules sont situées entre la tête et les hanches ; elles ne peuvent fonctionner à la perfection que si la tête et les hanches fonctionnent parfaitement, c'est-à-dire si chacune cède à deux grammes de pression.
La plupart du temps, un problème d'épaule se résout en améliorant le fonctionnement de la tête et des hanches. Un cheval qui par exemple « tombe » sur l'épaule intérieure est un cheval qui « tourne comme une planche », « comme un paquebot ». Si vous apprenez à ce cheval à donner sa tête, à fléchir son encolure indépendamment des épaules, et si vous lui enseignez à pousser avec son arrière main, vous résolvez du même coup votre problème d'épaule qui tombe.

➲ La vision : côté gauche, côté droit

La vision du cheval est différente de la nôtre. Il voit une image différente avec chaque œil. C'est ce qui explique qu'un objet ou un mouvement perçu par l'œil gauche, qui brusquement apparaît dans le champ de vision de l'œil droit peut perturber le cheval ou lui faire peur.
Nous devons donc toujours prendre un soin particulier à désensibiliser côté gauche et côté droit de la même manière, pour tous les exercices que nous faisons, y compris le montoir.
Beaucoup de chevaux sont « asymétriques », tout simplement parce qu'on a éduqué un côté plus que l'autre. L'équilibre peut parfois se rétablir de manière surprenante, en désensibilisant tout simplement le côté délaissé.

➲ Éducation physique plutôt que psychologie

Nous avons parlé d'éthologie et nous allons parler maintenant d'éducation physique. Nous devons rester dans une réalité concrète et nous garder de nous perdre dans des concepts abstraits.
Je crois très sincèrement que les problèmes « mentaux » et comportementaux des chevaux se résolvent en « réparant » la mécanique du cheval et en améliorant son fonctionnement physique. Je refuse catégoriquement de croire à une quelconque « psychologie équine » selon laquelle des interprétations hasardeuses viendraient expliquer telle ou telle réaction du cheval. Peu m'importe son passé : par définition, il est passé ! Ce qui compte, c'est l'avenir, et...
...tous les chevaux sans exception peuvent apprendre, et changer de comportement si nous faisons l'effort de les aider à comprendre...

Tout cheval doit apprendre à céder, et non à s'appuyer sur la main du cavalier : c'est un comportement appris, et non un comportement naturel.

Tant que je continue à solliciter, la tête doit continuer à venir sur le côté. Ma main ne doit pas bouger ni emmener la tête. La longe est totalement détendue.

Les chevaux « raides » savent tous tourner la tête pour chasser une mouche, se gratter, ou regarder derrière : apprenez-leur à « donner » leur tête, au lieu de « rétiver » contre la main du cavalier.

J'ai donc choisi d'être résolument « mécaniste »,
et non pas « comportementaliste » !

➲ Les « raideurs »

On entend souvent dire : « mon cheval est raide », notamment pour décrire un cheval qui a tendance à tourner « comme un paquebot ». Curieusement, lorsqu'une mouche est posée sur le flanc de ce même cheval, il n'a aucune peine à fléchir complètement l'encolure pour la chasser avec son nez. Un autre qui a soi-disant la nuque « raide » n'aura aucun mal à écraser un taon sur son poitrail avec son menton. Dans le cas de la mouche, le cheval « agit » le mouvement et il est décontracté. En revanche, lorsque le cavalier demande la tête avec les rênes, le cheval se contracte : il n'est pas « raide », mais **il « rétive » contre le mouvement.**

Nous avons vu qu'il s'agit là d'un réflexe naturel, et notre travail d'éducateur consiste donc à apprendre au cheval à faire différemment, à céder à la pression.

Pour éviter les manifestations de « rétivité » latérale, nous devons prendre le temps d'éduquer séparément le côté gauche et le côté droit, en prenant soin de **travailler surtout le côté le plus difficile, de manière à ne pas accentuer une dissymétrie naturelle chez la plupart des chevaux.**

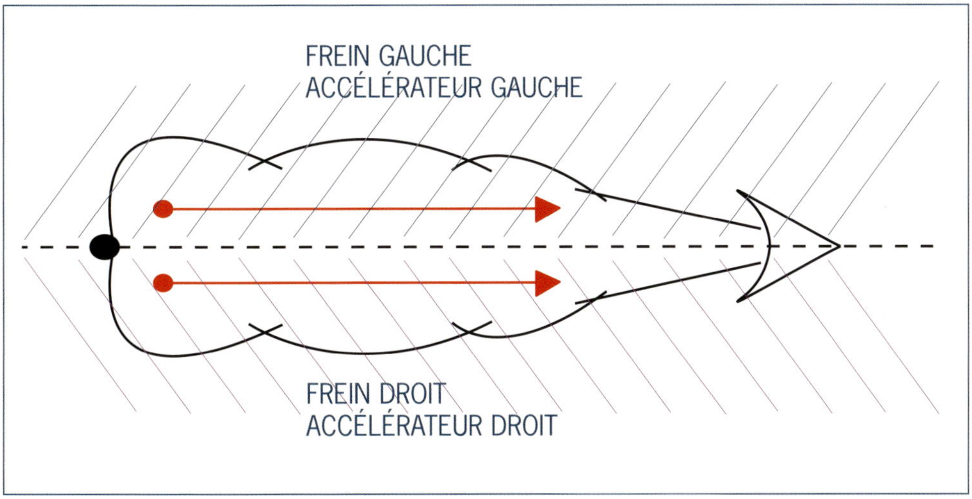

Frein droit/frein gauche – accélérateur droit/accélérateur gauche

Sur le cheval, toute la propulsion part de l'arrière-main, et les hanches servent à la fois d'accélérateur et de frein. Nous devons donc absolument éduquer séparément chaque côté, si nous voulons que notre cheval marche et s'arrête " droit ".

Plus tard, notre objectif final, en équitation, sera la « rectitude » des allures, mais avant de pouvoir galoper ou reculer avec un cheval parfaitement « droit », nous devons maîtriser parfaitement chaque côté.

« Apprendre à marcher en ligne droite, consiste à apprendre à contrôler les écarts à gauche et à droite. »
J. Lyons.

Tous les exercices décrits dans les chapitres suivants ont été conçus pour aider votre cheval à comprendre comment rester en équilibre et répondre avec légèreté aux aides du cavalier…

***

Peu importe le type de problème rencontré avec votre cheval : ne vous focalisez pas sur les causes. Fixez-vous des objectifs d'enseignement, listez tous les exercices pratiques qu'il doit apprendre et mettez-vous au travail. Je vous assure que si votre cheval sait faire tous les exercices décrits dans ce livre, il n'a plus aucun problème de comportement. Il existe des milliers d'exercices et de combinaisons différentes : n'hésitez pas à en inventer d'autres, soyez créatifs !
Le fondement de tous ces exercices est le fonctionnement mécanique de la tête, des hanches et des épaules : démonter le cheval en trois parties, réparer chaque morceau séparément en lui apprenant à céder à la pression, dissocier chaque élément pour ensuite pouvoir les associer dans des mouvements combinés. Là réside toute la simplicité de la méthode proposée.
« Faire simple » est souvent plus difficile que de compliquer les choses, mais au moins, cela permet à tout le monde d'y arriver !

Chapitre 4

Le travail en liberté

Cette jument arabe a tendance à être à la fois craintive et envahissante. Je lui demande, d'abord « poliment », de « bouger », de s'effacer de moi. Visiblement, cela ne lui convient pas, et elle fait mine de m'intimider, les oreilles en arrière, avec une intention visible de me faire bouger.

Je réagis immédiatement en me comportant comme un cheval dominant, c'est-à-dire que je la charge littéralement, en l'obligeant à s'enfuir loin de moi. Observez son attitude surprise : c'est sans doute la première fois qu'un bipède lui impose sa loi, et elle semble bien étonnée.

Remarquez mon attitude : vous voyez que je ne fais pas semblant! Dans ces cas là, il faut absolument être sincère : battre un cheval en s'énervant ne sert à rien, mais libérer une énergie suffisante pour le faire bouger sans le toucher est une nécessité absolue, si vous voulez obtenir un résultat.

Lorsque vous êtes en présence d'un cheval agressif qui envahit votre espace, ne reculez surtout pas. Vous devez être capable de le « tuer » virtuellement, (j'insiste : sans le toucher !), et l'instant d'après, de faire redescendre votre taux d'adrénaline à zéro, et d'aller le caresser.

Je n'ai pas besoin de me rapprocher : mes pieds sont à la même place et c'est la jument qui doit « bouger de là » ! C'est le premier élément de la chaîne, le premier maillon de l'éducation du cheval, sans lequel tout le reste n'est que littérature…

La jument a compris le message : le langage utilisé lui est familier, puisque c'est le langage du troupeau. Elle se comporte comme un cheval dominé vis-à-vis d'un dominant et s'enfuit donc plus loin. Elle a appris à mieux respecter mon espace vital !

* ATTENTION : CHEVAUX AGRESSIFS (cf. page 74)

1. Qu'est-ce que le travail en liberté ?

➲ « Leçon n° 1 »

Le travail en liberté est pour moi la base, la fondation de tout l'édifice de ma relation au cheval.
C'est ce que j'appelle souvent la « leçon n° 1 » :

elle a lieu une seule fois dans la vie du cheval

et me prend en moyenne une à deux heures. Il s'agit d'une véritable leçon, avec un programme d'exercices très précis.
Tout cheval qui est passé par ce programme de travail en liberté se comportera pour toujours de manière radicalement différente, par rapport à un cheval qui n'a jamais reçu sa « leçon n° 1 ».
Pour ma part, quel que soit le cheval que l'on m'amène à travailler et même si c'est un « grand prix de dressage », je vais débuter par la leçon n° 1 avant de faire quoi que ce soit d'autre – il en va de ma propre sécurité, et de celle du cheval.

Apprendre à contrôler les mouvements du cheval en toute sécurité : tel est le but du travail en liberté.

ATTENTION : il ne s'agit pas de mettre un cheval dans un rond de longe, et de le faire courir jusqu'à ce qu'il s'épuise : surtout pas ! Vous pourriez le faire tourner ainsi des jours et des jours durant et vous ne feriez qu'améliorer sa résistance, ce qui obligerait à le faire tourner un peu plus longtemps à chaque fois, jusqu'au jour où, même après deux heures, il ne serait même pas fatigué…

Nota : Tout au long de cet ouvrage, l'expression « travail en liberté » fera référence à ce programme d'exercices inclus dans la « leçon n° 1 ».

➲ Travail ou récréation ?

Beaucoup de personnes prétendent travailler les chevaux en liberté, dans un rond, dans un carré, dans un pré… Elles font évoluer le cheval autour d'elles en liberté, sans licol ni longe, et le laissent gambader, sauter en l'air, galoper sans but…

Bien que très spectaculaire, ceci n'est pas un travail mais une récréation durant laquelle le cheval évolue librement : je ne suis pas contre ! C'est même une excellente idée que de laisser un cheval en liberté dans un manège, dans un rond…, ou dans un pré, afin qu'il s'y défoule !

Mais, pour ma part, dans ce cas, je reste à l'extérieur de l'espace récréatif, car je ne veux absolument pas laisser mon cheval deviner et apprendre que je ne contrôle pas ses mouvements.

Le travail en liberté, c'est autre chose que de laisser le cheval se défouler librement ! Au contraire, nous voulons surtout éviter de lui apprendre à pratiquer en notre présence, des mouvements non contrôlés.

ATTENTION : CHEVAUX AGRESSIFS :

Si votre cheval a tendance à charger, commencez la « leçon n°1 » en restant vous-même à l'extérieur du rond, et apprenez-lui d'abord à « bouger de là ».

Exercice n° 2 – *Faire bouger le cheval*

Placez-vous vers le milieu du rond, en vous positionnant clairement derrière l'axe des hanches (voir figure page 102) et demandez au cheval de se mettre au trot ; vous pouvez pour cela utiliser un lasso, une chambrière ou tout autre outil pour prolonger votre bras. Pour certains chevaux peureux ou trop réactifs, vos bras suffiront amplement.

Si votre cheval a tellement peur qu'il se met à tourner comme une toupie autour du rond à plein galop, essayez de le faire changer de direction plusieurs fois et ralentissez-le, en vous déplaçant vers l'avant main.

Si vous voyez qu'il risque de se jeter dans la palissade, sortez immédiatement du rond et attendez qu'il se calme (j'ai entendu l'histoire d'un cheval qui a couru ainsi dans un rond jusqu'à faire un coup de sang).

Rappelez-vous : nous ne sommes pas là pour fatiguer le cheval, mais pour apprendre à contrôler ses mouvements.

Si, au contraire, votre cheval est difficile à faire bouger, armez-vous de patience et d'énergie, utilisez les quatre phases (voir page 46) et surtout, cessez immédiatement votre demande dès que le cheval comprend qu'il faut qu'il se déplace. Plus vous agitez la chambrière en permanence, plus vous le désensibilisez à cet outil.

Pour ma part, je préfère toujours démarrer la leçon au petit trot pour " prendre la température " du cheval que je dois travailler, et pour échauffer ses muscles et articulations.

Au début, marchez d'un pas dynamique, et déplacez-vous sur un cercle d'environ 3 à 6 mètres de diamètre. Ne vous approchez jamais trop près de l'arrière-main : tous les chevaux peuvent taper, surtout lorsqu'ils découvrent, parfois pour la première fois de leur vie, qu'un humain peut les obliger à « bouger de là » !

Vous avez choisi par exemple de démarrer à main gauche, comme sur cette photo, et vous allez maintenir la même allure pendant deux ou trois tours, en vérifiant que le cheval n'essaie ni de ralentir, ni de s'arrêter, ni de changer de direction. Autrement dit : il faut qu'il tourne sur le cercle d'une allure régulière et délibérée, sans penser à faire autre chose ; cela indique que vous pouvez contrôler cette première étape.

En effet, à ce stade, vous ne contrôlez pas grand-chose d'autre : par exemple, vous ne pouvez pas obliger le cheval à rester immobile et à vous regarder.

Par contre, la seule chose que vous êtes sûr de pouvoir l'obliger à faire, c'est de BOUGER, et c'est bien votre premier objectif :

Bouge dans une certaine direction,
à une certaine allure.

En provoquant cette fuite, vous enclenchez le premier maillon indispensable à tout le reste de la chaîne de l'apprentissage du cheval. Vous devenez leader du troupeau que vous formez avec lui, et vous allez peu à peu, tout au long de cette « leçon n° 1 », apprendre à transformer cette fuite provoquée en mouvements contrôlés de plus en plus complexes.

ATTENTION : « Chevaux agressifs »

Dans le travail en liberté, attention à ne pas provoquer un cheval agressif par un langage du corps trop violent ! Demandez fermement, mais « poliment » et soyez progressif. Un cheval qui a tendance à charger et à mordre vous attaquera à la vitesse de l'éclair si vous ne savez pas doser votre énergie…

TRAVAIL EN LIBERTÉ

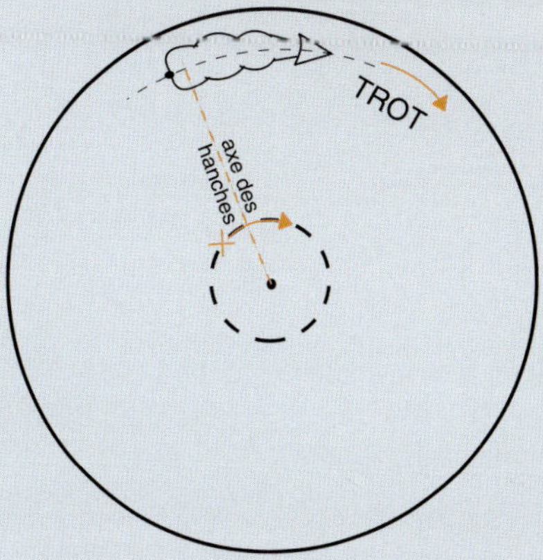

Trot à main droite :

Le cavalier se déplace sur un cercle en restant toujours derrière l'axe des hanches, de manière à pousser le cheval en avant.

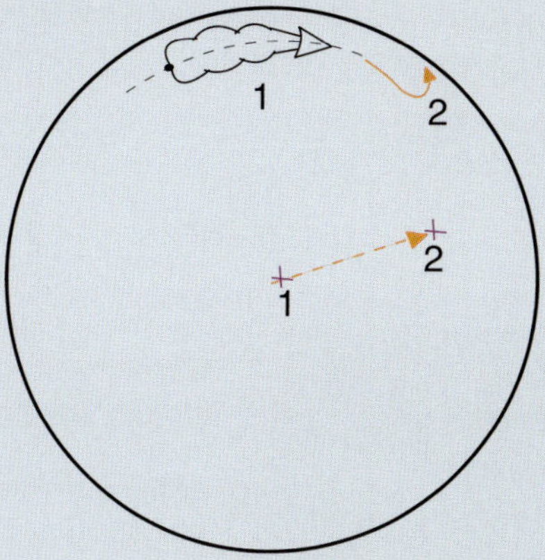

Changement de direction vers l'extérieur ou « Rollback » :

Le cavalier doit se déplacer rapidement et franchement vers l'avant-main, en repoussant « virtuellement » le cheval vers la palissade.

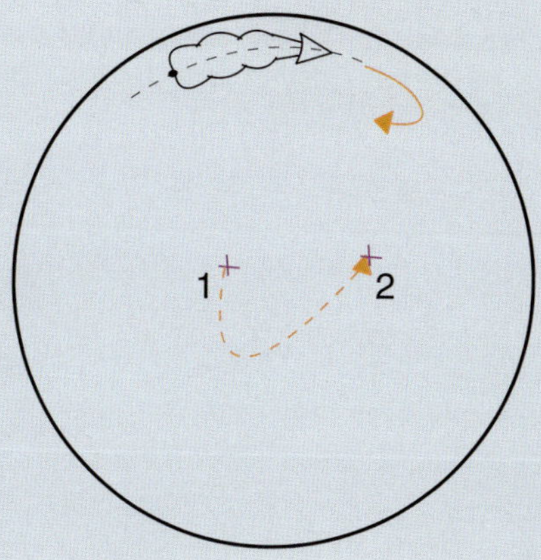

Changement de direction vers l'intérieur :

Le cavalier doit s'effacer rapidement et franchement pour aspirer « virtuellement » le cheval vers lui.

Exercice n° 3 –
Changement de direction vers l'extérieur ou « rollback »

Je suis en train de marcher de manière dynamique sur mon cercle et, d'un seul coup, je me déporte vivement sur le côté, vers l'épaule du cheval, en lui coupant la route de manière à le faire changer de direction vers la palissade.

Pour faire trotter le cheval sur le cercle, mon regard était dirigé vers la croupe pour « pousser virtuellement » sur l'arrière main. Lors du changement de direction, mon regard se porte brusquement sur le bout du nez du cheval, pour le repousser vers la palissade.

Je dois me déplacer rapidement sur une ligne imaginaire qui coupe la trajectoire du cheval en rétrécissant l'espace entre lui et moi, de manière à le repousser. Je dois anticiper suffisamment pour qu'il ait le temps matériel de rebrousser chemin.

Si, par hasard, j'ai mal calculé ma vitesse ou ma trajectoire, et que le cheval montre des signes de vouloir passer à tout prix, surtout, je le laisse passer, et je recommence au prochain tour : attention à vous, car un cheval peut soit vous charger, soit sauter le mur si vous mettez trop de pression au mauvais endroit !

➲ Le contrôle du mouvement

Très peu de personnes contrôlent véritablement tous les mouvements de leur cheval en liberté. Dans la « leçon n° 1 », le cheval doit obéir à la moindre sollicitation gestuelle ou vocale du cavalier et évoluer de manière fluide et décontractée, en exécutant toutes sortes de mouvements simples ou complexes.
Ce travail permet de mettre au point un langage, une communication entre le cheval et nous-même, en contrôlant ses moindres mouvements, afin de pouvoir évoluer avec lui en toute sécurité.
Cela n'exclut en aucun cas la notion de jeu, dans le sens où ce travail doit être mené de manière ludique, agréable et amusante pour le cheval autant que pour le cavalier. En revanche, cette « leçon n° 1 » correspond à un véritable programme de travail, avec des objectifs clairs et un déroulement organisé.
Cela doit ressembler à un ballet bien orchestré, dans lequel le cheval écoute et comprend le langage du cavalier.

Dans le travail en liberté, le cheval doit apprendre à évoluer de manière fluide et décontractée, en exécutant des figures précises, comme plus tard à cheval, sous le contrôle du cavalier.

La « leçon n°1 » permet d'apprendre au cheval « l'alphabet » du comportement avec l'homme.

Exercice n° 4 – *Changement de direction vers l'intérieur*

Mon cheval est en avant sur le cercle et je marche de manière dynamique. Soudain, je me déporte vivement sur le côté, mais cette fois de manière à « aspirer » le cheval afin qu'il tourne vers l'intérieur du rond.

Dans un premier temps, sa trajectoire doit ressembler à un genre de demi-volte dans laquelle je m'efface afin de lui laisser plus d'espace pour tourner. Mon mouvement se déplace légèrement vers l'arrière et sur le côté, alors que dans le « rollback », je me déplaçais en avant et sur le côté.

Pour le tournant vers l'intérieur, vous devez en premier essayer d'« aspirer » la tête : dès que vous voyez que le cheval amorce un mouvement vers l'intérieur du cercle, vous devez vous concentrer sur l'épaule extérieure (l'épaule gauche sur la photo) et essayer de la repousser virtuellement vers la droite.

Dès la moindre tentative positive, surtout pondérez vos gestes immédiatement et laissez passer le cheval sans rien faire, de manière à lui rendre l'exercice plus confortable. Certains chevaux, au début, ont du mal à comprendre cet exercice, et si vous mettez trop de pression, cela peut les rendre agressifs.

ATTENTION :
Il est déconseillé de pratiquer cet exercice avec des chevaux à tendance agressive, tant qu'ils ne sont pas parfaitement sous contrôle : en effet, cela peut les encourager à vous « charger ».

Nota :
Si vous avez du mal à obtenir le changement de direction vers l'intérieur au trot, faites-le au ralenti, au pas : décomposez vos gestes, et à chaque fois que le cheval essaie de changer vers l'extérieur, coupez-lui la route le plus rapidement possible pour le remettre sur son cercle. Après avoir essayé sans succès les « rollbacks », il va tenter une autre option. Le principe utilisé dans le changement de direction vers l'intérieur est le brusque passage d'une pression à une dépression, ce qui provoque « l'aspiration » du cheval vers l'intérieur.

2. Pourquoi le travail en liberté ?

➲ La sécurité

Aucune méthode, autre que le travail en liberté, ne permet de travailler n'importe quel type de cheval en toute sécurité pour le cavalier comme pour le cheval. Je travaille moi-même des centaines de chevaux, chaque année, avec cette méthode : elle permet de résoudre tous types de problèmes, quels que soient la race, l'âge, le sexe ou le niveau du cheval, de l'âne, ou de la mule…

En effet, lorsque vous travaillez un cheval en licol et en longe, vous êtes relié à un animal qui, si vous ne contrôlez pas parfaitement ses mouvements, vous tient au bout de la longe aussi sûrement que vous croyez le tenir ! De nombreux chevaux sont dangereux en main, car mal éduqués.

Un cheval au licol dont vous ne contrôlez pas les mouvements vous tient au bout de la longe aussi sûrement que vous croyez le tenir !

À cheval, le problème est encore pire, et très rares sont les cavaliers capables de contrôler les mouvements d'un cheval très difficile – en tout cas, n'en faisant pas partie, je pars toujours du principe que la plus innocente des ruades peut m'envoyer au tapis !

Dans le travail en liberté, je me tiens loin du cheval pendant toute la première partie de la « leçon n° 1 », jusqu'à ce que je sois sûre de pouvoir contrôler ses mouvements à distance. Plus je contrôle les mouvements, plus j'affirme mon leadership et, plus j'affirme mon leadership, plus le cheval choisit de rester à mes côtés car il s'y sent bien.

Exercice N° 5 –
Contrôle de l'arrêt, du regard et de l'attention

Pour demander l'arrêt, immobilisez-vous au milieu du cercle et attendez.
Avec un cheval paresseux, le simple fait de cesser de le « faire bouger » suffit à l'arrêter. S'il ne se passe rien, déportez-vous légèrement en avant de l'axe de l'épaule, pour freiner le cheval, et immobilisez-vous. Il est important de ne pas gesticuler en permanence pour demander l'arrêt : rappelez-vous le langage du corps ! Le cheval imite vos mouvements.
Dans le cas d'un cheval très peureux et fuyant, vous pouvez obtenir l'arrêt en répétant plusieurs changements de direction vers l'extérieur, jusqu'au moment ou vous pouvez « bloquer » le cheval, le nez vers la palissade, en l'empêchant de partir d'un côté ou de l'autre.
N'utilisez pas le mot « whoa » tant que vous n'avez pas appris au cheval à s'arrêter et tant que vous n'êtes pas totalement sûr qu'il va s'arrêter ; en effet, si vous dites « whoa » et que le cheval continue d'avancer, vous lui apprenez que ce mot ne veut rien dire !
Une fois à l'arrêt, attendez quelques secondes, immobile : en général, si vous avez bien travaillé auparavant les changements de direction, le cheval, tout étonné de ce moment de pause, vous regardera avec curiosité, en attendant l'ordre suivant. C'est exactement ce que vous souhaitez : attirer l'attention du cheval sur vous.
Ensuite, vous devez répéter l'exercice plusieurs fois, en sollicitant le cheval de la voix, à chaque fois qu'il tourne sa tête dans une autre direction. Vous voulez créer un réflexe conditionné de telle sorte qu'à chaque fois qu'il entend le claquement de langue ou le « kiss », son premier mouvement est de tourner sa tête et de vous regarder.
Si la voix ne suffit pas, je frappe légèrement le lasso contre ma cuisse pour attirer son attention.

Cette jument ne cherche pas à quitter la situation dans laquelle elle se trouve. Elle reste totalement sereine, sans contrainte, pendant les préparatifs.

Si notre cheval a appris à être totalement serein en notre compagnie, s'il choisit de rester avec nous sans contrainte, nous avons une chance de pouvoir être en sécurité avec lui ou sur son dos. En revanche, si notre cheval cherche par tous les moyens à sortir de la situation dans laquelle il est, il y a de fortes chances pour qu'un accident survienne rapidement.
Un cheval qui tire au renard, qui embarque au galop, qui part en sauts de mouton, ou tout simplement qui bouge au pansage ou au montoir, est un cheval qui se sent mal à l'aise dans cette situation. Il cherche à la quitter et, en le faisant, il devient potentiellement dangereux.

➲ Instaurer une relation

Utilisé avec n'importe quel type de cheval, le travail en liberté permet donc d'instaurer une relation faite de confiance et de respect mutuels. Le cheval le plus craintif va, peu à peu, cesser d'avoir peur et venir vers nous en toute confiance. Le cheval le plus agressif va apprendre à « bouger de là » et par là même, à respecter le leader que nous sommes devenus. Le cheval le plus « autiste », qui ne réagit ni ne s'intéresse plus à rien, et qui semble ne rien entendre, va peu à peu sortir de sa coquille et accepter de nous donner son regard et son attention...
Le cheval ne sera plus une proie, mais va progressivement se transformer en un véritable **partenaire attentif et généreux** qui choisit de rester auprès de nous en toute sérénité et sans contrainte.

Exercice n° 6 – *Contrôle de la tête*

Le cheval étant à l'arrêt, vous devez lui apprendre à donner la tête sur le côté en fléchissant l'encolure. Commencez en vous plaçant presque devant, et déplacez-vous sur le côté en essayant d'« aspirer » la tête vers vous. Utilisez votre voix et reculez-vous légèrement. Si le cheval veut remettre sa tête dans l'axe, sollicitez à nouveau en frappant le lasso sur votre cuisse.

La jument tourne la tête vers moi et me regarde avec les deux yeux. Elle est attentive, calme, et semble comprendre l'exercice. Ma main semble tenir une longe invisible qui suffit à donner une indication claire du mouvement à effectuer. Le cheval ne doit pas bouger ses pieds, et doit me suivre du regard en tournant la tête de plus en plus, au fur et à mesure que je me déplace.

Exercice n° 7 – *Contrôle des hanches*

Cette fois-ci, mon objectif est de « désengager » les postérieurs sur le côté, tout en gardant le regard de la pouliche fixé sur moi. Plus tard, cet exercice me servira de base de travail pour « l'arrêt d'urgence » (voir page 146). Là aussi, je me sers de ma voix, et je claque éventuellement le lasso sur ma cuisse.

Le postérieur intérieur gauche passe sous la masse et vient croiser devant le postérieur extérieur droit. La tête et le regard sont toujours fixés sur moi. En effet, il est important pour plus tard, lors du travail sous la selle, d'apprendre au cheval à mobiliser ses hanches dès le début, tout en conservant la tête disponible.

Exercice n° 8 – *Contrôle des épaules*

Ici, je veux déplacer les épaules vers moi, c'est-à-dire obtenir un pas vers la droite avec l'antérieur droit. Je me place sur le côté, à droite, et je sollicite la pouliche de la voix et du geste. Au cours de ce mouvement, comme dans le précédent, je veux conserver en permanence la tête et le regard tournés vers moi.

Je m'efface légèrement vers l'arrière pour « aspirer » l'avant main et la jument fait un pas dans ma direction. Dès que votre cheval accomplit le mouvement demandé, vous devez immédiatement arrêter de solliciter, et éventuellement, aller le caresser, ce qui l'encouragera à venir vers vous.

Le cheval le plus « autiste », qui ne réagit ni ne s'intéresse plus à rien et qui semble ne rien entendre, va peu à peu sortir de sa coquille et accepter de nous donner son regard et son attention.

➲ Mettre en place un langage : communiquer

Le travail en liberté nous permet de mettre en place des outils de communication, afin de nous faire comprendre du cheval. C'est en utilisant **la voix et le langage du corps** que nous allons pouvoir indiquer au cheval quel mouvement il doit effectuer ; selon l'endroit ou nous nous plaçons par rapport à lui, selon la rapidité de nos déplacements et selon nos gestes, le cheval comprend peu à peu comment se placer et, par la répétition, nous mettons peu à peu au point un langage, un alphabet qu'il comprend parfaitement.
Il lui est facile d'apprendre ce langage, puisqu'il fonctionne comme celui des chevaux entre eux. La procédure d'apprentissage va donc très vite.

Le langage du corps est un langage que les chevaux savent utiliser et comprendre.

Exercice n° 9 – *Première approche, premier contact*

La jument est arrêtée et me regarde. Je souhaite lui apprendre dès le départ à tolérer une approche franche, de face. En effet, dans le cas d'un cheval à la fois craintif et peu respectueux, je ne vais surtout pas lui tourner le dos pour l'inciter à me suivre : cela peut, avec certains chevaux, s'avérer très dangereux.

Je me suis approchée trop vite, et la jument détourne la tête : c'est le début de la fuite ! Si, lors de l'approche, je pense que mon cheval va commencer à s'enfuir à 3 m de distance, je dois m'arrêter à 3 m 10, reculer, et continuer de m'avancer par approches et retraits successifs (page 49), en évitant que le cheval ne pense à fuir.

Le premier contact de ma main se fait sur le chanfrein, entre les deux yeux ; c'est comme une franche poignée de main ! Si le cheval se tend et lève la tête lorsque ma main s'approche, c'est qu'il n'est pas prêt pour une collaboration volontaire, comme quelqu'un qui refuserait de nous tendre la main.

Je dois donc travailler sur le contrôle de la tête, jusqu'à ce que la jument se relaxe et soit à l'aise avec cet exercice. Énormément de chevaux ont des problèmes de tête, et ne tolèrent pas que notre main ou un objet s'agite autour d'eux : vous devez régler cela avant de vous mettre en selle !

La tête a baissé d'un cran, et l'attitude est plus décontractée. Là aussi, je procède par approches et retraits successifs, pour lui apprendre à ne pas enfuir sa tête au contact de ma main (voir désensibilisation page 49). Remarquez que les pieds et le reste du corps n'ont pas bougé : c'est la tête qui travaille.

La jument est enfin complètement décontractée, et accepte de donner sa tête au contact de mes deux mains. C'est indispensable pour qu'elle accepte plus tard, en selle, de donner sa tête à mes mains par l'intermédiaire des rênes. Il est important que le cheval soit calme et serein à la fin de chaque leçon.

Nota :
La jument utilisée ici est plus craintive et agressive, la série de photos permet donc d'être plus explicite qu'avec la jument précédente, plus docile et proche de l'homme.

Maintenant que la jument a appris à tolérer mon approche et le contact physique de ma main sur sa tête, je dois lui apprendre à venir elle-même vers moi. Cela me sera utile, notamment au pré, pour lui demander de venir lorsque je l'appelle. Si votre cheval a du mal à bouger vers l'avant, déportez-vous légèrement d'un côté ou de l'autre, car il est plus facile d'« aspirer » sur le côté que de face. Restez immobile et sollicitez avec la voix, jusqu'à ce qu'elle fasse un pas, reculez et continuez de « l'aspirer » vers vous, par étapes.

Ici, je n'ai pas eu besoin de reculer pour que la jument vienne, et son attitude est beaucoup plus franche. En revanche, la tête est encore trop haute et il faudrait la travailler davantage, jusqu'à ce qu'elle apprenne à s'avancer avec la tête et l'encolure totalement décontractées et qu'elle vienne mettre son chanfrein sous ma main.

➲ Le cheval comprend que la fuite ne sert à rien

Après avoir « programmé la leçon n° 1 » sur un cheval, son comportement change radicalement. En effet, lors de cette leçon, il a véritablement testé et expérimenté, physiquement et mentalement, que la fuite était inutile. Son instinct naturel qui lui dicte de s'enfuir face à une situation de stress, de peur ou d'inconfort, va être reprogrammé par le fait que nous contrôlons chacun de ses mouvements en liberté et que nous amenons peu à peu ce cheval à choisir de ne plus s'enfuir : nous créons un nouveau comportement conditionné qui change radicalement toute la suite de notre relation avec notre cheval...

➲ La transformation de la fuite en mouvement contrôlé

Cette notion est absolument essentielle et souvent mal comprise : l'instinct de fuite existe chez tous les chevaux. Tout l'art consiste à **transformer l'énergie produite par la fuite en une impulsion canalisée, et plus tard en équitation.** Qu'est ce que la grande Équitation, si ce n'est l'art de créer un mouvement parfaitement contrôlé dans la légèreté ?

Dès les premières minutes de la « leçon n° 1 », je provoque une fuite en demandant au cheval de bouger, et je transforme peu à peu cette fuite en un « ballet » organisé dans lequel je maîtrise progressivement chaque mouvement du cheval.

Il en sera de même plus tard, dans le travail monté, lorsque mes jambes, faisant en quelque sorte « fuir » le cheval, déclencheront l'impulsion nécessaire aux mouvements demandés.

3. Les outils du travail en liberté

➲ Le rond de longe

Pourquoi travailler dans un rond : parce que c'est le seul endroit où vous puissiez obliger n'importe quel cheval à « bouger de vous », dans

Le rond de longe est l'outil indispensable du travail en liberté. Il permet de simuler une fuite qui reconditionne le comportement du cheval.

Apprendre à mon cheval à reculer en liberté me fera gagner énormément de temps, par la suite, en selle. Voici un exemple évident qui illustre très bien la notion de « bouge de là », élémentaire pour obtenir un mouvement contrôlé : je sollicite de la voix et du geste en tapant mon lasso sur ma cuisse et la jument recule, mais en se contractant et en faisant la grimace !

Je continue à demander, jusqu'à ce que la jument se détende un peu et fasse un pas vers l'arrière. C'est à cette occasion qu'il faut persister dans la demande et relâcher la pression au moment où le cheval commence à « penser » à reculer ; si vous maintenez trop de pression, certains chevaux peuvent bloquer l'arrière-main et se cabrer, et d'autres auront tendance à vous agresser.

tous les cas et en toute sécurité. La forme ronde simule une fuite infinie, et le cheval ne peut à aucun moment décider de ne plus bouger, ce qui serait le cas s'il se coinçait dans l'un des angles d'un carré ou d'un rectangle.
Les parois doivent être suffisamment hautes (1 m 80) et sans danger pour le cas ou le cheval s'y heurterait. Le diamètre idéal est de 18 m : attention à ne jamais tourner de jeunes chevaux dans un rond inférieur à 15 m : les articulations, sur un petit cercle, sont soumises à trop d'effort.

➲ Le lasso ou la chambrière

Beaucoup de personnes me demandent pourquoi utiliser un lasso : je ne suis pas et ne serai jamais un cow-boy (ou plutôt une cow-girl), et malheureusement je n'atteindrai sans doute jamais le degré de maîtrise de certains, avec cet outil. Cependant, pour ce dont j'ai besoin, le lasso m'est très utile car c'est un objet à géométrie variable, qui me remplace auprès du cheval pour le faire bouger quand je ne me déplace pas assez rapidement. Inversement, lorsque je m'approche du cheval, il disparaît pour devenir un objet discret et peu encombrant.

Lasso, chambrière ou drapeau : utilisez l'outil qui vous convient !

Vous pouvez sans problème utiliser une chambrière, mais elle a le défaut d'être constamment présente et encombrante et le cheval se repose peu à peu sur elle, au lieu de bouger de manière autonome.

Le lasso est un outil à géométrie variable, qui nous permet de rallonger notre bras en toute sécurité et de redevenir inexistant l'instant d'après.

➲ Le langage du corps

Le langage du corps est celui que vous allez utiliser pour le travail en liberté, et plus tard, dans une moindre mesure, dans le travail à pied comme dans le travail à cheval. Les chevaux sont d'excellents spécialistes capables de lire et d'interpréter les signaux que d'autres chevaux ou bien nous-mêmes émettons avec notre corps : cela va nous permettre d'instituer un véritable langage avec notre corps, de manière à indiquer au cheval dans quelle direction il doit bouger. Ne vous compliquez pas trop l'existence en cherchant comment il « faut » placer vos bras, vos épaules, etc. Si vous vous concentrez suffisamment, si vous avez « l'intention », par exemple, de faire reculer votre cheval et si vous avez, à l'intérieur de vous même, une image mentale claire du mouvement que vous souhaitez obtenir, alors votre corps fera ce qu'il faut automatiquement. Vous prendrez inconsciemment une posture qui exprimera vos intentions et le cheval saura « lire » votre position.

Au début, moins le cheval est dressé, plus amples devront être vos gestes et vos déplacements. Avec un cheval habitué au travail en liberté, vous pourrez rester au milieu, et un simple mouvement des épaules suffira à le faire tourner vers l'intérieur ou vers l'extérieur…

➲ La voix

La voix est une aide précieuse dans l'éducation du cheval : elle permet la légèreté et la précision d'un mouvement entièrement généré par le cheval, lorsqu'elle est utilisée seule. Nos anciens, qui cultivaient la terre, l'avaient bien compris, eux qui dressaient leurs chevaux de traits uniquement à la voix !

Si vous souhaitez utiliser des ordres vocaux, je vous conseille cependant de respecter certaines règles : peu de mots ou de sons, et une signification précise pour chacun d'eux. Personnellement, j'utilise quatre ordres vocaux principaux :

- le « kiss » ou le claquement de langue qui signifie : « bouge quelque chose quelque part ». J'alterne souvent les deux, car vous constaterez qu'au bout d'un moment, les muscles de la bouche ont du mal à effectuer toujours le même son,
- le « whoah » qui signifie : arrêt immobilité,
- le « chhhuut » qui veut dire ralentir, se calmer,
- le « bisou » long que je réserve au départ au galop.

Attention à ne pas utiliser un mot tant que le cheval n'y obéit pas totalement. Vous devez d'abord lui apprendre l'exercice avec les autres aides, puis, lorsqu'il connaît l'exercice par cœur, vous rajoutez l'ordre vocal. Il associe alors le mot à l'exercice, et ce n'est qu'en fin d'apprentissage que vous pouvez n'utiliser que la voix, sans les autres aides.
Utiliser un ordre vocal non suivi d'effet équivaut à changer la signification de cet ordre. Si, par exemple, « whoa » signifie « arrêt-immobilité », et que vous répétez « whoa » sans que le cheval s'arrête, vous lui apprenez que « whoa » signifie « marche ! ».

➲ Le principe de base : « bouge de là ! »

Lors de cette première leçon, vous allez, sans risque pour vous ni pour le cheval, pouvoir l'obliger à bouger de manière contrôlée. De ce contrôle du mouvement va dépendre toute la suite de l'histoire, car cela va devenir votre mode d'emploi pour établir votre leadership dans le troupeau que vous formez avec votre cheval.
Rappelez-vous : celui qui fait bouger l'autre est le dominant, celui qui « Bouge de là ! » est le dominé.
Le travail en liberté, la « leçon n° 1 », vous sert à apprendre au cheval le langage, l'alphabet que vous allez utiliser tout au long de votre vie avec lui.

Exercice n° 12 – *Marcher en main sans licol*

Ce n'est que lorsque je peux contrôler les mouvements de mon cheval que je lui apprends à me suivre sur demande. En effet, je ne veux surtout pas tourner le dos à mon cheval si je sais que je ne contrôle pas ses mouvements. Les chevaux ne sont pas des chiens et votre cheval ne doit pas vous suivre partout !

Je lui apprends donc à marcher en main avec une longe virtuelle, en lui demandant notamment de garder ses distances : lorsque je me déplace vers la droite, la jument doit s'effacer légèrement et non pas me bousculer. Elle doit être attentive et décontractée, et observer mes gestes pour évoluer en même temps que moi.

« **Bouge de là !** » : Ici réside la toute première pierre de l'édifice, la première maille du tricot. Si elle n'est pas solide, tout le reste, toute la suite de l'éducation et de l'apprentissage sera fragile. Ne sous-estimez pas l'importance de cette notion : elle est absolument primordiale !
« **Bouge de là !** » : Cela veut dire qu'avant toute autre chose, avant de venir vers moi, ou avant de rester auprès de moi, tout cheval doit impérativement apprendre à « bouger de moi », c'est-à-dire à « s'enfuir » immédiatement et sur commande dans la direction que je lui indique. Et, croyez-moi ! Aucun cheval ni aucun cavalier ne « parle » ce langage de manière naturelle : nous devons l'apprendre et le leur apprendre.

Test : Placez-vous à un pas de votre cheval, à la hauteur de son épaule gauche : marchez délibérément vers sa droite, en utilisant le claquement de langue ou le « kiss » et, éventuellement, claquez votre main sur votre cuisse : votre cheval doit se déplacer au même rythme que vous vers sa droite, et si vous marchez sur un petit cercle, à droite, il doit s'effacer de vous et effectuer un pivot sur le postérieur droit.
S'il vous écrase les pieds ou s'il s'enfuit loin de vous, c'est qu'il ne comprend pas l'alphabet « bouge de là » !
Vous pouvez effectuer le même test en vous plaçant à un pas devant lui et en lui demandant de reculer. Attention : ne trichez pas ! Vous ne devez en aucun cas toucher le cheval. C'est la masse d'air entre lui et vous qui doit « pousser ».

➲ La durée des séances

On me demande souvent combien de temps doit durer une séance de travail en liberté ? La réponse est : aussi longtemps que vous pourrez vous concentrer sur vos objectifs et que le cheval progresse... À une seule condition, bien sûr, c'est que le cheval ne soit ni stressé, ni fatigué physiquement. Si vous pouvez vous concentrer longtemps, vous pourrez obtenir l'attention de votre cheval aussi longtemps que vous le voudrez. En revanche, dès que votre attention n'est plus soutenue, vous perdez automatiquement celle de votre cheval.
Pour ma part, je ne regarde jamais ma montre quand je travaille un cheval en liberté, et tant qu'il me montre qu'il est serein et décontracté, je continue la séance puisque l'essentiel du travail s'effectue au pas ou même à l'arrêt.

Exercice n° 13 – *D'est en ouest* (cf. figure ci-contre)

Une fois que je contrôle correctement la tête, les hanches et les épaules, dans toutes les directions, je peux demander cet exercice, qui là aussi, me servira plus tard en selle, car il nécessite une réelle mobilité mécanique des trois parties principales du cheval. Mon objectif est de faire passer et repasser la jument devant moi, en conservant le regard fixé sur moi.

Sur la première photo, je dois attraper l'épaule droite et la faire partir à gauche ; sur celle-ci, je dois, à la prochaine foulée, attraper l'épaule gauche et la faire passer à droite. Si le mouvement est parfaitement contrôlé, le cavalier ne doit pas avoir besoin de bouger, et le cheval doit fixer ses hanches, et ne faire bouger que l'avant-main, en passant d'une incurvation à l'autre.

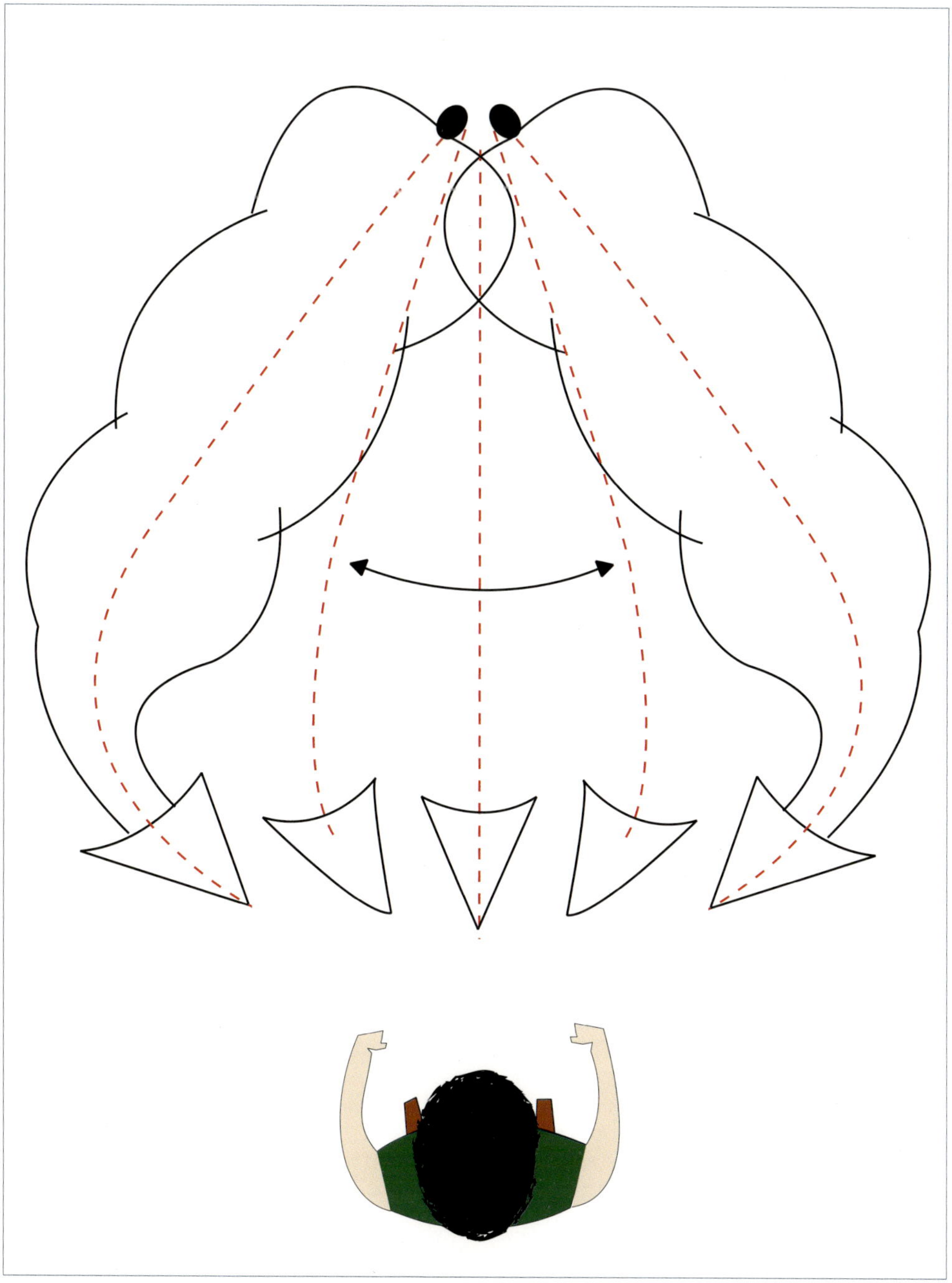

Travail en liberté « D'est en Ouest » :

Dans cet exercice, il s'agit de faire effectuer au cheval un mouvement de changement d'incurvation en fixant le postérieur intérieur, et en faisant passer les épaules d'un côté et de l'autre.

Exercice n° 14 – *Le cheval « automoteur »*

Profitez du travail en liberté dans le cercle pour apprendre à votre cheval l'indépendance des allures. Il ne doit pas prendre l'habitude de se reposer sur vous pour trotter ou galoper et doit savoir gérer lui-même une cadence régulière que vous ne devez pas entretenir en permanence. Pour cela, évitez de le poursuivre constamment avec la chambrière ou plus tard à cheval, de le faire trotter avec vos jambes : il sait trotter tout seul ! Gardez vos jambes pour le rassembler…

Pour cet exercice, vous devez d'abord lui apprendre les ordres vocaux, puis demander une allure, le trot ou le galop, et vous faire de plus en plus discret. Observez-le attentivement sans rien faire et intervenez vivement de la voix puis du geste (lasso ou chambrière) dès qu'il « pense » à ralentir, en utilisant les quatre phases successives (voir page 46). L'astuce consiste à intervenir le plus tôt possible et à cesser rapidement toute action dès que le cheval se remet dans la bonne cadence. Cela ferme peu à peu la porte à toute autre option et, bientôt, vous pourrez totalement « disparaître » sans qu'il ralentisse.

En résumé, le cheval n'a pas de mal à soutenir son attention (voir page 23). Dans ce domaine, c'est nous qui sommes limités et non lui. Par contre, attention aux efforts physiques trop intensifs qui peuvent endommager très sérieusement les poumons, les articulations, les pieds, etc. Si vous avez du mal à obtenir un mouvement, reprenez l'exercice au ralenti et ne fatiguez pas votre cheval.
En ce qui concerne l'ensemble de la « leçon n° 1 », avec l'habitude, cela me prend en moyenne une à deux heures pour couvrir l'ensemble du programme décrit ci-dessous, et apprendre au cheval les différents exercices. Cependant, il m'arrive d'interrompre la leçon et de la reporter au lendemain…
Vous pouvez donc vous interrompre à tout moment, même au milieu d'un exercice, pour reprendre un peu plus tard ou plusieurs jours après. Cette interruption n'a aucune importance ! Le cheval n'oublie pas ce qu'il a appris. À chaque fois que vous ou votre cheval êtes fatigués, il faut vous arrêter car vous perdez votre temps !
Veillez cependant à vous interrompre après un « micro-exercice » positif, après une réponse « oui » et non sur un refus, quitte à changer d'exercice pour demander quelque chose de plus facile…
Vous pouvez donc échelonner l'apprentissage des exercices sur un ou plusieurs mois ; le plus important est de ne pas passer à l'exercice suivant tant que le précédent n'est pas acquis, et de ne pas non plus refaire éternellement les mêmes exercices, une fois qu'ils sont acquis. Seules quelques minutes de « révisions » sont nécessaires, et vous pouvez passer à la série suivante. N'oubliez pas, il y a une infinité de mouvements que vous pouvez demander à votre cheval : soyez créatifs !

4. Déroulement de la leçon n° 1

Pour tous les exercices décrits ci-dessous, j'utilise un lasso ou une chambrière, ainsi que le langage du corps (voir page 92). Plus je me déplace vers l'arrière-main, plus le cheval doit se porter en avant. Pour ralentir, je dois me déplacer vers l'avant-main. Pour changer de direction, je dois changer ma chambrière de main et me déplacer vers l'avant-main, en « coupant » la route au cheval.

ATTENTION : Restez toujours à une distance raisonnable du cheval (3 mètres minimum), pour éviter les éventuelles ruades.

Nota : les encadrés inclus dans ce chapitre vous aideront à comprendre plus en détail chaque exercice.

« Leçon n°1 »

1° *Trot à main gauche :* je me place au milieu du cercle, et demande au cheval de « bouger » à main gauche ; pour cela, je me déporte vers son arrière-main, sans toutefois me rapprocher du cheval, par crainte d'une ruade. Une fois que le cheval trotte régulièrement, je change de direction.

2° *Trot à main droite :* je me déporte vivement vers l'épaule du cheval pour lui couper la route, et je lui demande de trotter à main droite. À ce stade, peu m'importe qu'il tourne vers l'extérieur ou vers l'intérieur lorsqu'il change de main.

3° *Changements de direction répétés*, à main gauche et à main droite, jusqu'à ce que je puisse contrôler les changements de direction à un endroit précis.

4° *Changements de direction uniquement vers l'extérieur*, à gauche et à droite, et à un endroit précis : pour cela, je dois me déplacer vivement vers l'épaule, en regardant le nez du cheval, et en le repoussant virtuellement vers l'extérieur.

5° *Changements de direction uniquement vers l'intérieur*, à gauche et à droite et à un endroit précis : pour cela, je recule légèrement tout en me déportant vers l'avant-main, de manière à « aspirer » le cheval vers l'intérieur.

6° *Alternance des changements de direction vers l'intérieur et vers l'extérieur*, à gauche et à droite, et à un endroit précis.

7° *Contrôle de l'arrêt immobilité :* si un cheval est paresseux, il suffit de cesser de le « faire bouger » pour l'arrêter. Dans le cas d'un cheval très peureux et fuyant, vous pouvez obtenir l'arrêt en répétant plusieurs changements de direction vers l'extérieur, jusqu'au moment où vous pouvez « bloquer » le cheval le nez vers la palissade, en l'empêchant de partir d'un côté ou de l'autre.

8° *Contrôle du regard et de l'attention :* vous voulez contrôler l'arrêt sur la piste et demander au cheval de vous regarder avec les deux yeux : c'est le début du contrôle de la tête. Vous devez obtenir l'arrêt et le regard du côté gauche et du côté droit. Pour obtenir le regard, attirez l'attention du cheval arrêté en utilisant

« Leçon n°1 »

la voix et, éventuellement, en agitant votre bras : dès qu'il tourne légèrement la tête vers vous, reculez d'un ou de deux pas pour « enlever la pression », et lui indiquer que c'est une bonne réponse. Recommencez plusieurs fois jusqu'à ce que le cheval ne vous quitte plus du regard.

9° *Contrôle des hanches :* une fois que vous contrôlez bien la tête, vous pouvez commencer à contrôler les hanches. Reculez de quelques pas sur le côté, et vérifiez que vous pouvez « aspirer » la tête et le regard vers vous et repousser les hanches du côté opposé. Ce mouvement est d'une importance capitale pour la suite puisqu'il conditionnera le futur « arrêt d'urgence ». Placez-vous de plus en plus vers l'arrière-main et vérifiez que le cheval garde son regard et son attention « scotchés » sur vous, quel que soit l'endroit où vous vous déplacez.

10° *Contrôle des épaules :* une fois que la tête et les hanches fonctionnent parfaitement bien des deux côtés, vous pouvez ensuite tester le contrôle des épaules : placez-vous à 1 mètre du cheval, sur le côté gauche, approximativement à hauteur de la sangle : poussez vers les hanches pour mettre le cheval au pas, « aspirez » la tête vers vous, et demandez au cheval de déporter ses épaules vers la droite tout en maintenant la flexion d'encolure vers la gauche ; bien sûr, répétez la même chose de l'autre côté. C'est le début du contrôle des déplacements latéraux que vous lui demanderez ensuite à cheval !

11° *Première approche* : une fois que vous contrôlez la tête, les hanches et les épaules, approchez-vous du cheval et allez le caresser sur la tête, entre les deux yeux. À tout moment de votre progression vers lui, si vous observez qu'il commence à penser à bouger, et notamment si son regard vous échappe, reculez de deux pas et recommencez votre progression, par approche et retraits successifs. Il doit donner son chanfrein à votre main sans aucune arrière-pensée.

12° *Le cheval vient vers vous :* une fois que vous pouvez vous-même aller vers lui et lui caresser la tête, apprenez-lui à venir vers vous dès que vous le lui demandez. À ce stade, vous devez pouvoir contrôler l'allure à laquelle il vient, et l'arrêter à n'importe quel moment de sa progression. En aucun cas, il ne doit venir de sa propre initiative ou vous suivre sans ordre, lorsque vous avez le dos tourné ! – sauf dans le cas de chevaux réellement très craintifs et sauvages qui ne connaissent pas l'homme…

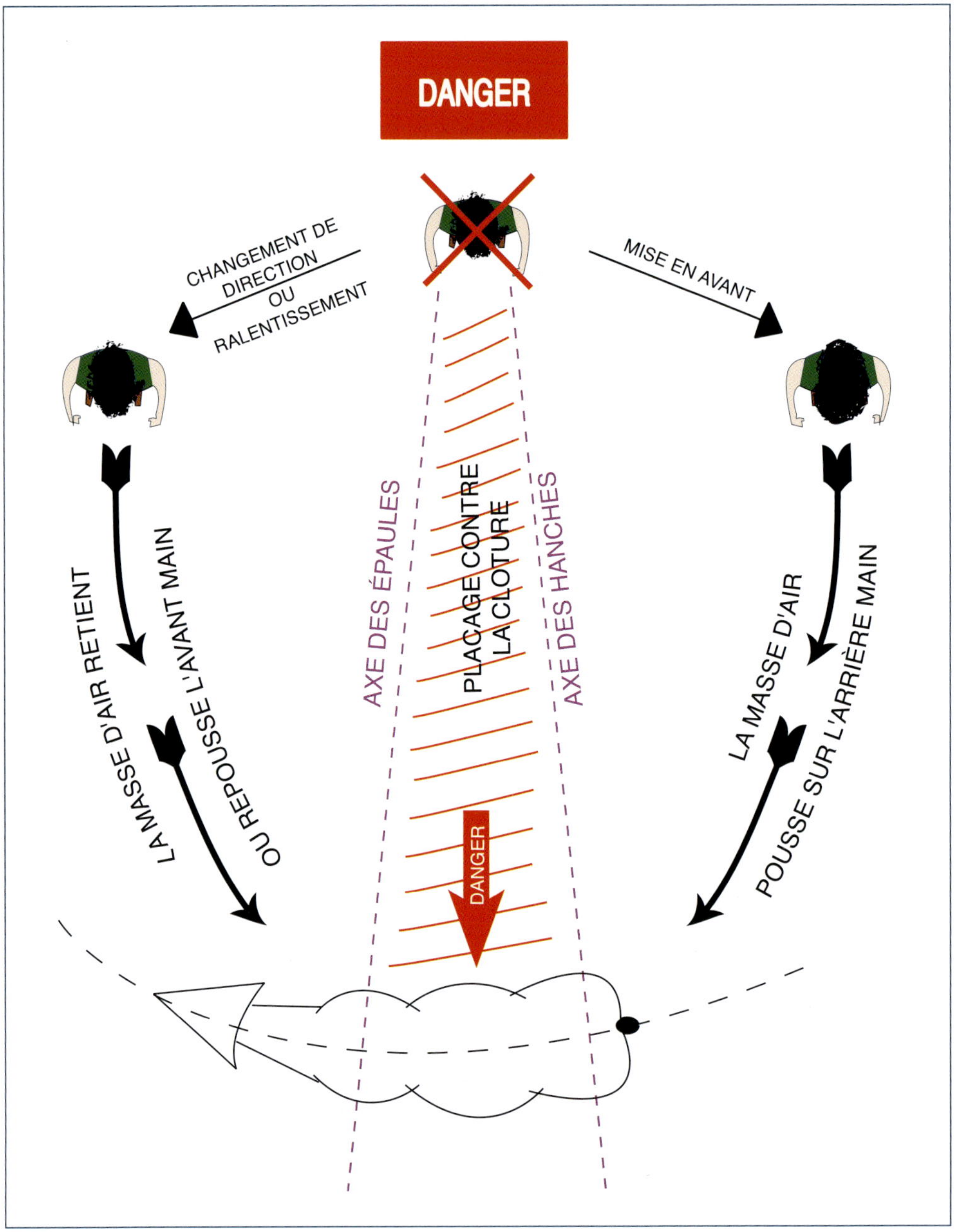

Travail en liberté : axes des hanches et des épaules

C'est notre langage du corps qui dicte au cheval les mouvements qu'il doit effectuer. Nous devons donc clairement nous placer de part et d'autre des deux axes, en évitant la zone du milieu qui a tendance à « plaquer » le cheval contre la clôture.

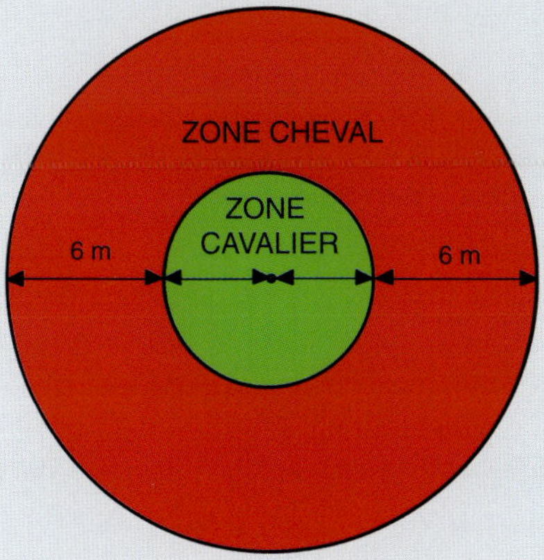

TRAVAIL EN LIBERTÉ

Répartition des zones cheval/cavalier :

- Pour votre sécurité, évitez de vous trouver à moins de 6 m des parois du rond

ATTENTION aux coups de pieds et ruades éventuels : **tous** les chevaux peuvent taper !

Restez toujours à distance du cheval : tous les chevaux savent taper !

En conclusion, vous pouvez contrôler chacun des mouvements de votre cheval à l'aide d'une commande précise et, donc, travailler en toute sécurité autour de lui.

Voici, d'un point de vue pratique et mécanique, ce que votre cheval a appris pendant cette séance :
- Vous pouvez le repousser loin de vous.
- Il reste arrêté loin de vous, immobile, sur commande, et vous regarde.
- Il vient vers vous sur commande, s'arrête à 1 mètre et présente sa tête et son regard.
- Il vous suit sur demande, sans licol et sans longe, s'arrête et recule, pivote sur les antérieurs et sur les postérieurs de chaque côté, sans que vous ne le touchiez.
- Il a son regard rivé sur vous en permanence.
- Vous pouvez tourner autour de lui sans qu'il ne bouge.
- Il sait dissocier ou associer dans des mouvements simples ou combinés sa tête, ses hanches et ses épaules.

Voici, d'un point de vue mental, ce que votre cheval a appris lors de cette séance :
- Il sait « bouger de vous » sur commande, donc il accepte votre leadership.
- Il a expérimenté que la fuite ne sert à rien.
- Il connaît le langage et à chaque fois qu'il entend le claquement de langue ou le « kiss », il vous regarde et lit dans votre langage du corps quel est le mouvement à effectuer.
- Il est léger : il répond à la moindre sollicitation de la « masse d'air ».
- Il est attentif à vous en permanence.
- Il est serein et décontracté, et accepte de rester sans contrainte à vos côtés.

Le travail en liberté n'est pas seulement un outil pédagogique pour le cheval, mais aussi pour nous : il améliore nos performances physiques et mentales, et nous fait progresser vers plus de finesse et de compréhension dans le travail à cheval. Il apprend notamment au cavalier à se déplacer rapidement dans le cercle et à se repérer dans l'espace, à bouger avec aisance, à observer le cheval et à s'adapter sans arrêt à ce qu'il nous « dit ». Il nous enseigne la patience, la ténacité, et nous oblige à contrôler notre corps et nos nerfs, en nous apprenant à gérer notre énergie pour pouvoir « faire bouger » le cheval de manière contrôlée...

Chapitre 5

Le travail à pied

Avant de faire tous les exercices au sol, il faut mettre en place le « bouton marche avant » ! Imaginez-vous un gros bouton rouge situé sur la croupe du cheval. C'est en effet l'arrière-main qu'il faut actionner à chaque fois que vous voulez que le cheval avance, puisque le moteur se trouve à l'arrière (voir page 61) .

Pour mettre en place ce « bouton », mettez-vous sur le côté, la longe dans la main gauche et la badine dans la main droite. Utilisez le système des quatre phases (voir page 46) comme suit :

1. Claquement de langue ou « kiss ».

2. Je lève la badine en direction de la croupe.

3. Je continue de solliciter avec la voix et je tapote la croupe, légèrement et régulièrement.

4. J'augmente l'intensité de la phase 3.

5. S'il ne se passe toujours rien et que le cheval est immobile, je frappe un coup violemment sur la croupe, avec le maximum « d'intention de tuer ». Normalement, si je frappe une fois correctement, le cheval n'aura plus jamais besoin de la phase 5 jusqu'à la fin de ses jours !

Dès que le cheval a bougé, je le caresse, et je répète l'ensemble du scénario plusieurs fois, jusqu'à ce que le cheval anticipe sur les phases et réponde à la voix.

L'expression « travail à pied » est utilisée par les dresseurs de l'équitation traditionnelle pour désigner les figures d'école exécutées à pied telles les croupades, levades, cabrioles, etc.
Beaucoup plus modestement, j'intitule « travail à pied » le travail d'éducation du cheval au sol, depuis la mise du licol, jusqu'aux déplacements latéraux en mors de filet, en passant par le travail longé ou aux longues rênes et tous les exercices de contrôle de la tête, des hanches et des épaules.

1. Le type de cheval

Tous les chevaux, sans exception aucune, du poulain de deux jours au vétéran, et quels qu'en soient la race (du poney shetland au trait breton) ou le sexe, devraient fonctionner parfaitement, au sol, sous le contrôle de leur propriétaire.

Si votre cheval est agressif ou très craintif, je vous recommande de commencer par le travail en liberté. Sinon, vous pouvez tout de suite mettre un licol ou un filet, et travailler à pied.

Malheureusement, certains chevaux mal « éduqués » ont pris de mauvaises habitudes incompatibles avec notre règle fondamentale : la sécurité du cavalier. Ceux-ci ne peuvent donc pas être manipulés directement au sol, en licol et en longe, avant d'avoir été au préalable travaillés en liberté.
Si votre cheval est agressif ou très craintif, je vous déconseille formellement (sauf si vous avez un réel savoir-faire) de commencer par le travail à pied ; je vous recommande le travail en liberté dans le rond de longe comme étape préalable obligatoire.
Pour tous les autres chevaux, gentils et sociables, vous pouvez directement commencer par le travail au sol, en licol et en longe, puis en mors de filet, selon l'âge.

Exercice n° 2 – *Contrôle de la tête : marche + pli*

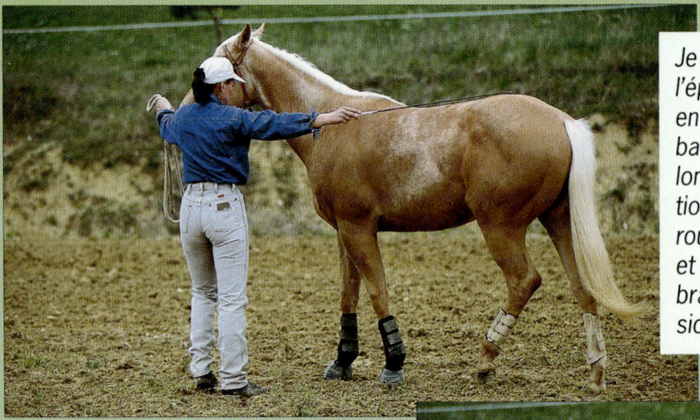

Je me tiens sur le côté, à la hauteur de l'épaule, et je mets la pouliche en avant, en utilisant ma voix et, éventuellement, la badine. Mon bras gauche qui tient la longe se contente de montrer la direction. Dès que la pouliche se met en route, je marche au même rythme qu'elle, et je prends bien soin de tendre mon bras gauche, afin qu'il n'y ait aucune tension dans la longe.

J'attends que la cadence soit établie et que la pouliche marche d'un bon pas. Veillez vous-même à allonger le pas si vous voulez que le cheval marche droit ; si vous ralentissez, le cheval va se mettre à tourner autour de vous, ce qui va vous gêner pour la suite de l'exercice. Gardez le bras droit tendu, mais sans actionner la badine, sauf si le cheval ralentit.

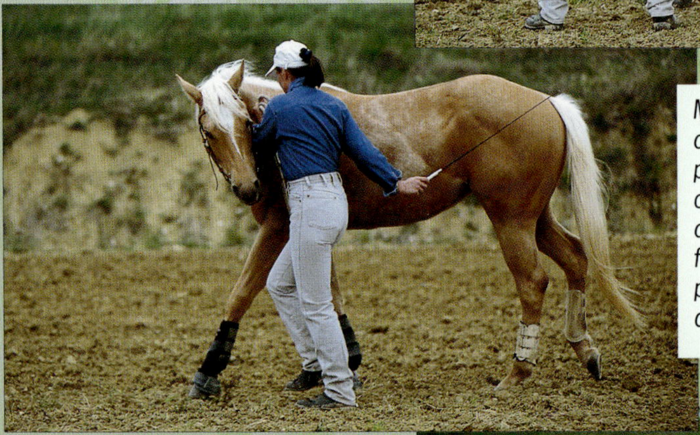

Mettez un contact léger mais constant dans la rêne gauche, et demandez le pli à gauche ; votre objectif est que le cheval se déplace au pas sur une ligne droite, et donne sa tête à gauche en fléchissant l'encolure vers vous. Ici, la pouliche donne le pli, mais elle a tendance à s'appuyer sur son mors.

Je mets davantage de « moteur arrière » en sollicitant de la voix et, éventuellement, avec la badine, ce qui permet à l'avant-main de s'alléger et à la pouliche de soutenir le pli sans s'appuyer. Dès qu'elle détend la rêne en portant sa tête, je dois relâcher l'ensemble, et continuer à marcher « rêne longue ».

Nota : au début, votre cheval restera léger sur une ou deux foulées seulement, mais en répétant l'exercice, vous pouvez lui demander de continuer à soutenir cette position, tout seul, pendant plusieurs foulées. N'oubliez pas de pratiquer tous les exercices qui suivent des deux côtés !

2. Le lieu

La bonne nouvelle, c'est que vous pouvez effectuer la plus grande partie du travail à pied sans rond de longe, sans manège ou sans carrière : un morceau de pré à peu près plat ou une cour de ferme peuvent faire l'affaire. Bien sûr, un sol souple en surface, non glissant, plat et sans cailloux est préférable ! Mais l'essentiel du travail se faisant au pas, vous-même souffrirez davantage des imperfections du sol que votre cheval ! (Ces dernières années, je suis plus souvent tombée en travaillant un cheval à pied, qu'en étant dessus !)
En revanche, le plus important est d'avoir un endroit dégagé, avec beaucoup de place pour bouger. Éloignez-vous des clôtures en barbelé, vieilles ferrailles et autres objets dangereux.

3. L'équipement

➲ Le licol

Certains ne jurent que par les licols américains en fine cordelette nouée. Pour ma part, je souhaite rester logique et cohérente avec un système : nous avons parlé « d'éthologie », nous avons expliqué notre objectif qui est d'apprendre au cheval à céder à une pression légère avec le moins d'outils et de contraintes possibles. Pourquoi, dans ce cas, utiliser le licol le plus sévère possible ?

*Un licol normal et **bien ajusté** est moins sévère et moins contraignant pour le cheval qu'un licol en cordelette, de type américain. La longe est en cordage de marine.*

Exercice n° 3 – *Contrôle des hanches : pivot sur les antérieurs*

Je suis toujours placée sur le côté et à l'aide de ma rêne gauche, je demande tout d'abord la tête. Une fois que j'ai obtenu la flexion d'encolure, je relâche une fraction de seconde – pour indiquer à mon cheval que c'est bien – et je remets du contact dans la rêne en connectant cette fois le mors aux hanches (voir page 121).

Mon objectif est que les hanches se déplacent sur le côté et pour cela, je m'aide de la voix et du langage du corps : j'envahis l'espace en demandant aux hanches de « bouger de là ». À la place de la badine, j'utilise, dans cette série, le flot de la longe que j'agite en direction des postérieurs si nécessaire.

Le postérieur intérieur gauche croise devant le postérieur extérieur en engageant sous la masse, ce qui permet d'étirer et d'assouplir les muscles de l'arrière-main. En revanche, la tête est en appui sur le mors et il faudrait qu'il y ait davantage d'impulsion derrière pour alléger le devant.

Le postérieur gauche engage un peu mieux dessous, et la tête est un peu plus légère. C'est bien l'antérieur intérieur gauche qui sert de pivot, et les trois autres membres tournent autour, en décrivant des cercles concentriques. La jument semble plus sereine et exécute le mouvement sans contrainte.

Exercice n° 4 – *Contrôle des épaules: pivot sur les postérieurs*

Nota: *cette pouliche Merens travaille en licol; selon l'âge du cheval, vous pouvez indifféremment faire tous les exercices à pied, soit en mors de filet à aiguille, soit en licol.*

Il s'agit cette fois de déplacer l'avant-main autour de l'arrière-main. Par rapport à l'exercice précédent, je suis placée davantage vers l'avant, à la hauteur de la tête. Je sollicite avec la voix et pour renforcer, j'utilise éventuellement le flot de la longe. Je mets du contact dans la longe afin de me connecter aux épaules. Durant tout l'exercice, j'essaie de maintenir l'encolure à peu près droite, l'idéal étant d'avoir un léger pli à droite.

L'antérieur gauche croise devant l'antérieur droit et l'on voit nettement sur cette photo l'utilité de contrôler la direction qu'a pris l'antérieur droit à la foulée précédente. Si celui-ci ne se déplace pas à « 4 heures » (voir « pendule virtuelle » page 60), c'est-à-dire à droite et légèrement vers l'arrière, il est impossible à l'antérieur gauche de croiser devant sans faire « décrocher » le postérieur pivot. (Ceci est fondamental pour comprendre et régler avec précision les pirouettes, « spins », etc.).

Le postérieur droit doit rester fixe, puisque c'est lui le postérieur intérieur au pivot. On voit ici que la jument est légèrement en déséquilibre, ce qui va certainement provoquer, à la foulée suivante, le décrochement du postérieur droit, car il y a trop de poids sur le postérieur gauche… À moins que je n'aie la bonne idée de rectifier sa position! À cheval, il faudrait reculer la jambe gauche en arrière de la sangle, et remettre du poids sur le postérieur droit.

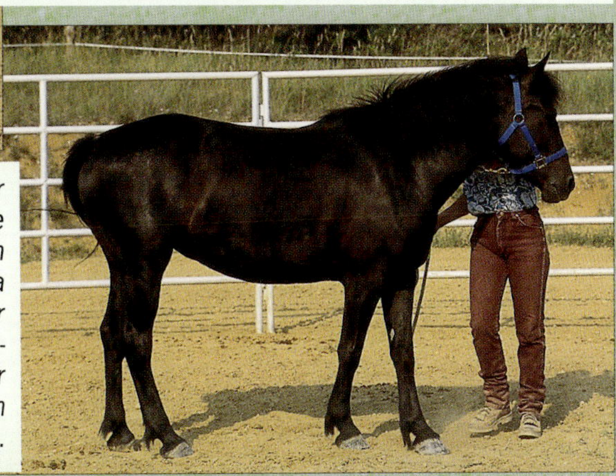

Il semble que la correction a été faite! Le postérieur intérieur droit est engagé sous la masse, récupère le poids et reste fixé au sol; l'antérieur droit a bien été déplacé suffisamment en biais et en arrière à la foulée précédente pour permettre à l'antérieur gauche de passer devant et vers la droite; en revanche, il serait préférable de ne pas avoir le léger contrepli à gauche: il y a un peu trop de tension dans la longe, mais la jument semble assez sereine.

Exercice n° 5 – *Dans l'esprit de « l'épaule en dedans »*

L'épaule en dedans est un exercice très codifié et rigoureux dans lequel le cheval doit se déplacer sur trois pistes, avec un léger contrepli. Je ne peux donc pas prétendre ici à cette appellation, mais le déplacement latéral obtenu ici se fait dans le même esprit : mobiliser les trois parties principales : tête, hanches et épaules.

Dans cet exercice, mon objectif est de mobiliser les hanches et les épaules vers la droite, tout en maintenant le pli de l'encolure à gauche. Il s'agit donc d'une combinaison des deux exercices précédents dans lesquels le cheval avait appris à mobiliser séparément hanches et épaules vers la droite.

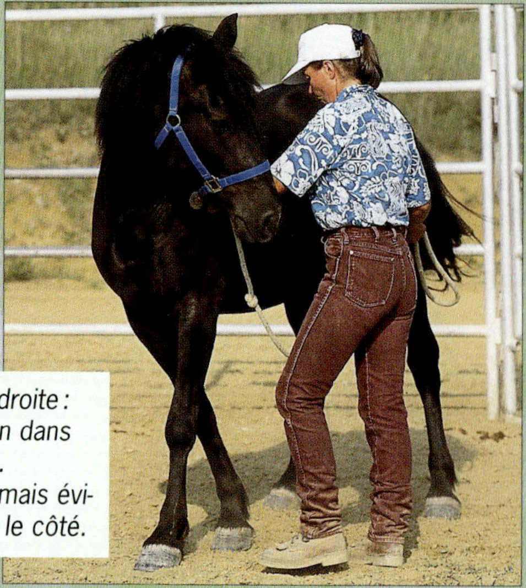

L'antérieur gauche croise devant l'antérieur droit et vers la droite : le pli de l'encolure (à gauche) est donc opposé à la direction dans laquelle se déplace le cheval, en diagonale et vers la droite. N'hésitez pas à demander un pli important vers la gauche, mais évitez de « vriller » l'encolure en laissant la tête partir trop sur le côté.

Le postérieur gauche est caché, mais il croise loin vers la droite, en passant devant le postérieur droit, puisque le cheval se déplace au pas ; il apprend ainsi à s'engager davantage sous la masse, ce qui est l'un des objectifs d'assouplissement de « l'épaule en dedans ». On voit très clairement sur cette photo l'intérêt de déplacer l'antérieur droit loin en diagonale vers la droite…

… ce qui permet une bien plus grande amplitude de la foulée suivante effectuée par l'antérieur gauche – à comparer avec celle de la deuxième photo. Les positions de la tête et de l'encolure sont ici bien meilleures : le menton cède en direction de la pointe de l'épaule, et les deux oreilles sont à la même hauteur.

Ces licols en cordelette ont en effet un point de compression sur le chanfrein et deux sur les côtés, à l'endroit des nœuds, qui concentrent en trois points très réduits toute l'action du meneur. Pour moi, ce genre de licol est à utiliser sur un cheval éduqué qui a déjà appris à céder à la pression et non pas sur un cheval débutant ; vous verrez d'ailleurs souvent les chevaux blessés à ces trois endroits...

Disons que l'utilisation de ce licol par un cavalier débutant, sur un cheval débutant, est aussi absurde que l'utilisation d'un mors de bride, par un cavalier débutant, sur un cheval débutant.

Je recommande donc l'utilisation d'un licol classique, bien ajusté, utilisant le maximum de surface de répartition des forces.

➲ La longe

En ce qui concerne la longe, utilisez une longe d'au moins 3 m, pour pouvoir travailler sans risque autour de votre cheval. Un « bon tuyau ! » : la « drisse de grand voile » en coton (diamètre 18 mm) achetée au mètre dans n'importe quel magasin d'accastillage bateau, vous permettra de fabriquer vos propres longes à moindre frais ! Et vous trouverez au même endroit toute la gamme des mousquetons dont vous pouvez rêver. Pour certains exercices, vous aurez aussi besoin d'une longe de 6 mètres.

➲ La badine

La badine est non pas un instrument de punition, mais tout simplement un prolongement de votre bras. Avant de vous en servir, vous devez impérativement vérifier que le cheval que vous travaillez au sol n'en a pas peur.

Pour cela, frottez tout son corps avec le stick, en commençant par la tête et en terminant par les postérieurs. Si certaines zones le gênent, vous devez soigneusement désensibiliser ces zones au contact de la badine (voir page 49, « Désensibilisation »). Avant de commencer, vérifiez aussi que vous pouvez agiter la badine tout autour du cheval sans qu'il ait peur.

Exercice n° 6 – *Déplacements latéraux*

L'angle sous lequel est prise cette photo permet d'observer que dans les déplacements latéraux, lorsque l'équilibre du cheval est correct, les membres de chaque diagonal doivent être parallèles – antérieur gauche et postérieur droit – antérieur droit et postérieur gauche. Le pli de l'encolure, pourtant très prononcé, permet cependant une position correcte de la tête : chanfrein proche de la verticale et oreilles à la même hauteur.

Nota :
Je n'analyserai pas ici tous les types de déplacements latéraux, car il y a une infinité de combinaisons, qui vont bien au-delà des mouvements utilisés traditionnellement…
Retenez simplement l'essentiel : le cheval doit être capable de mobiliser sa tête, ses hanches et ses épaules dans toutes les directions, en associant ou dissociant chacun des trois morceaux par rapport à la direction du mouvement. N'hésitez pas à être créatif, et à essayer toutes les combinaisons de position, dans toutes les directions (voir page 60) : vous verrez ensuite à quel point votre cheval sera devenu mobile et mécaniquement performant.
Mettez-le ensuite entre les mains d'un professionnel de n'importe quelle discipline, et vous verrez qu'il en fera un champion !

➲ Le mors de filet à aiguille + une rêne

Nota : Tous les exercices décrits ci-après peuvent être indifféremment exécutés en licol et en longe, ou bien en mors de filet avec une seule rêne.

Le mors de filet à aiguille est le mors le plus « pédagogique » qui soit pour le cheval. Il « pousse » sur une grande surface, du côté opposé à la traction de la rêne.

Je vous conseille d'utiliser un mors de filet à aiguille qui est le mors le plus pédagogique qui soit pour le cheval ; en réponse à la traction de la rêne d'un côté, il exerce du côté opposé, sur la bouche du cheval, une pression claire qui se répartit sur une grande surface.

Démontez les rênes de votre filet et utilisez une longe en corde que vous accrocherez dans l'anneau du filet, tantôt à gauche, tantôt à droite selon le côté que vous souhaitez travailler.

➲ Les guêtres ou protections de travail

Mettez systématiquement des protections sur les membres de votre cheval : boulets, canons avant et arrière… Si le cheval est ferré, mettez des cloches. En effet, le type de mouvements demandé dans le travail à pied implique souvent des déplacements latéraux et le cheval – surtout jeune – risque fort de se marcher dessus et de se faire des atteintes.

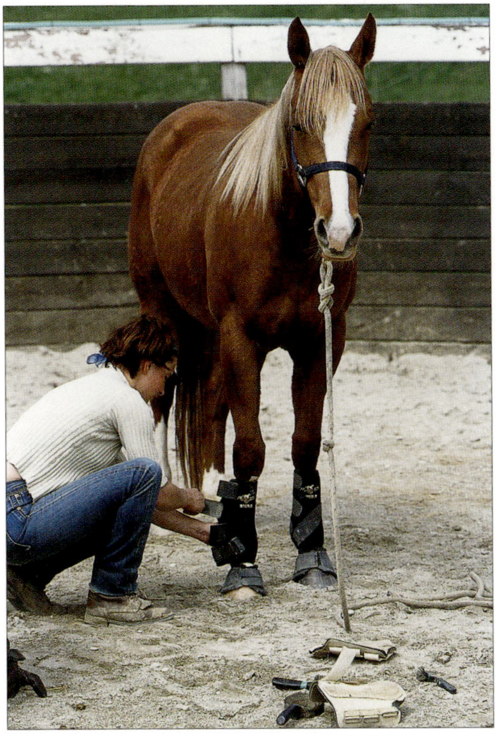

Protégez les membres de votre cheval avec des guêtres efficaces. Lors des déplacements latéraux, le cheval inexpérimenté risque de se blesser.

Deux écueils à éviter pour apprendre à un cheval débutant à reculer : lui laisser lever la tête et creuser son dos, et le brusquer dans l'apprentissage de l'exercice. Allez-y donc doucement, pas à pas, en récompensant au début, avant même que le cheval ait fait une foulée complète. Pensez à vérifier que la tête cède à la traction de la longe vers l'arrière sans « rétiver » vers le haut. Le mieux serait d'obtenir une cession de nuque, avant de démarrer le reculer.

Tant que le cheval est débutant, l'encolure doit rester horizontale ; ne vous inquiétez pas si la marche arrière n'est pas bien cadencée : au début, les foulées seront hésitantes, et chaque membre se déplacera lentement, à tour de rôle. Plus tard, l'assurance venant, les membres s'associeront par diagonaux, pour reculer de façon à engager davantage les postérieurs sous la masse. Un détail important : si votre cheval a la queue très longue, nouez les crins de manière à ce qu'il ne risque pas de marcher dessus, et de se faire mal aux vertèbres.

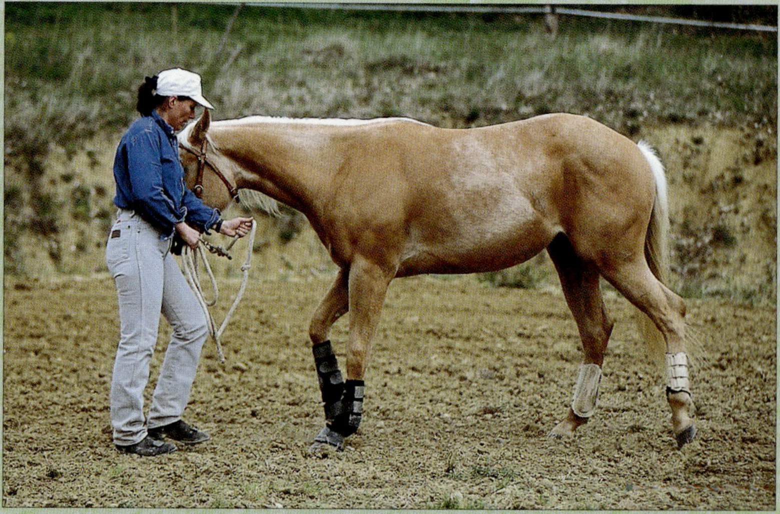

Exercice n° 8 – *Céder à la traction de la longe : demander la tête*

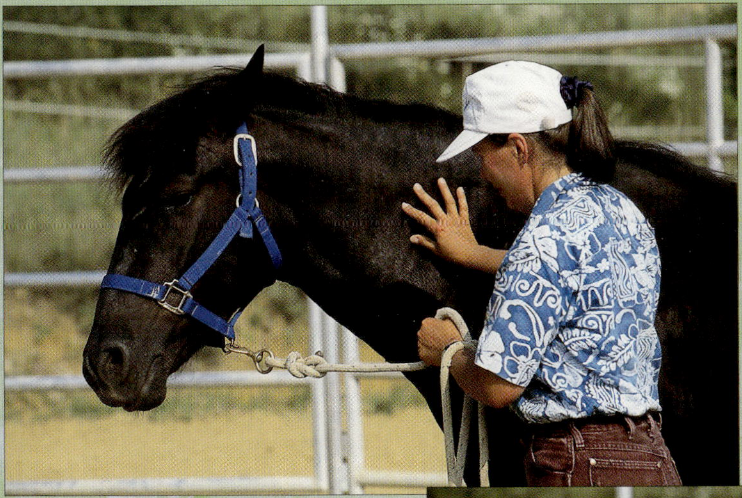

Placez-vous sur le côté gauche ou droit, à la hauteur de l'épaule. Tenez la longe à une trentaine de centimètres du licol et appliquez une tension légère et constante sur le licol. Attendez sans bouger : si le cheval déplace ses épaules vers vous, vous devez revoir l'exercice n° 6, page 82) ; cela veut dire que la tête n'est pas suffisamment indépendante des épaules.

Pour vous aider, vous pouvez poser votre main droite sur l'encolure, mais sans pousser, pour inciter le cheval à ne donner que la tête. Au moindre mouvement de cession, relâchez et récompensez. Par la répétition, vous apprendrez à votre cheval à répondre de plus en plus vite, et à détendre lui-même la longe, dès qu'il sentira la demande. Remarquez que ma main ne bouge pas : c'est le cheval qui doit exécuter le mouvement en détendant la longe.

Ici, je continue à demander avec la longe, jusqu'à ce que la pouliche baisse la tête et commence à céder dans la nuque ; en effet, c'est un mouvement que je vais devoir lui apprendre plus tard, à cheval, pour pouvoir mobiliser la tête dans toutes les directions. Les longs muscles de l'encolure doivent se relaxer pour permettre cette mobilité.

Exercice n° 9 – *Céder à la traction de la longe du côté opposé*

Afin de simuler l'action des rênes, une fois à cheval, je rajoute une difficulté en me plaçant du côté opposé à l'action de la longe ; jusqu'à maintenant, j'ai toujours été placée du même côté que la traction, et le cheval peut avoir tendance à tourner la tête vers moi, comme en liberté, ce qui ne lui apprend aucunement à céder à la traction de la longe.

Pour cela, je me place donc à gauche du cheval, et je passe mon bras droit par-dessus l'encolure ; ma main droite va tenir la longe et solliciter la tête à droite. Là aussi, ma main, comme plus tard la main du cavalier, doit être fixée dans l'espace, exercer une traction légère et constante, et attendre le résultat.

4. Les objectifs du travail au sol

➲ **Mobiliser les trois parties** (voir page 58)

Nous l'avons vu plus haut, la tête, les hanches et les épaules doivent pouvoir être dissociées ou associées dans des mouvements plus ou moins complexes. Par exemple, au sol, le cheval doit pouvoir se déplacer à côté de vous, au pas, le bout du nez vers vous, les épaules et les hanches se déplaçant dans la direction opposée.

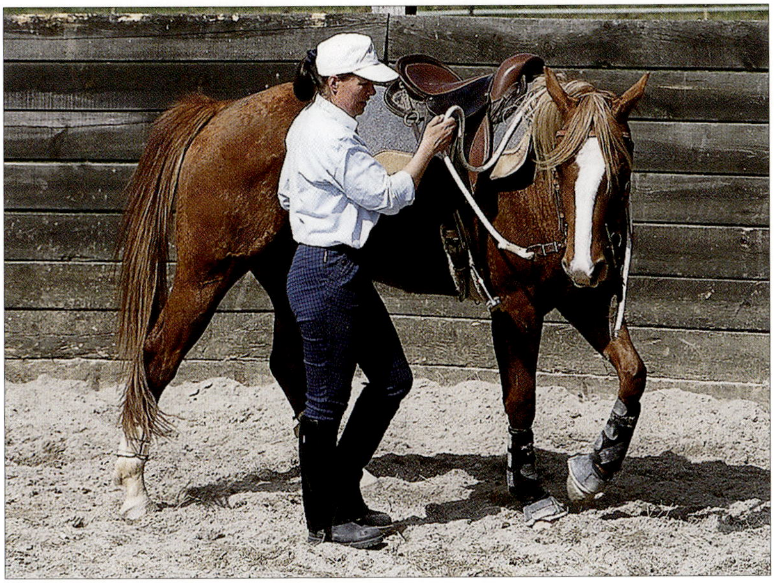

Apprendre au cheval à mobiliser les trois parties principales de son corps, la tête, les hanches et les épaules : tel est l'enjeu du travail à pied, en préparation au travail à cheval.

C'est ce que certains appellent : travailler « dans l'esprit de l'épaule en dedans » et cette notion sera développée dans les exercices à cheval ; mais nous pouvons d'ores et déjà, au sol, comprendre comment mobiliser chacune des trois parties.

➲ **Apprendre au cheval à céder à la pression**

En premier lieu, tout comme dans le travail en liberté, vous devez apprendre à votre cheval à céder à la pression de la « masse d'air » en utilisant le langage du corps. Selon la position que vous prenez par rapport à lui, plus vers l'avant-main ou plus vers l'arrière-main, vous pouvez le faire ralentir ou accélérer. Selon que vous avancez sur lui ou que vous vous effacez en reculant, vous le repousserez ou vous l'« aspirerez ».
Ensuite, vous pouvez apprendre à votre cheval à céder à la pression légère de votre main : par exemple, la main au poitrail pour reculer ou la main sur le flanc pour apprendre la cession de l'arrière-main sur le côté (indispensable avant la leçon de jambe, à cheval).

Exercice n° 10 – *Céder à la traction de la longe : « longues rênes »*

Travailler « aux longues rênes », avant de monter sur un jeune cheval est un excellent exercice préparatoire au débourrage. L'exercice montré ici, avant même de travailler aux longues rênes, apprend au cheval à mobiliser sa tête et son encolure, indépendamment des épaules et des hanches.

Je me place donc derrière le cheval – après m'être assurée que l'arrière-main est correctement désensibilisée – et j'actionne la longe, en la faisant passer sur le côté du cheval. J'attends que la pouliche cède à la traction de la longe en tournant la tête. Les pieds ne doivent pas bouger.

Dans le travail à pied, le cheval doit apprendre à céder à la pression ou à la traction de la rêne unique, quelle que soit la direction du mouvement.

En troisième lieu, vous apprenez à votre cheval à répondre à la pression de la badine pour la mise en avant. Pour cela, utilisez les quatre phases successives (voir chapitre page 46) afin qu'il réponde avant que la badine ne le touche.
En dernier lieu, votre cheval apprend à répondre à la traction de la longe sur le licol dans toutes les directions : haut, bas, droite, gauche, avant, arrière. Et si vous remplacez le licol par un mors de filet, votre cheval apprend à céder à la pression du mors dans sa bouche et à donner sa tête, ses hanches et ses épaules en réponse à l'action d'une seule rêne, avant même que vous ne montiez dessus !

➲ Connecter la rêne aux trois parties principales

Cette procédure est décrite en détail dans le chapitre 6 sur le travail monté, mais voici quelques éléments d'utilisation de la rêne unique ou de la longe : le contact, la pression exercée par notre main, par l'intermédiaire du mors ou du licol, provoque un inconfort qui pousse le cheval à rechercher quel est le mouvement qui pourrait le débarrasser de cet inconfort.
Si la main du cavalier s'engage, par contrat, à relâcher la pression à chaque bonne réponse, le cheval apprend à « lire » le langage du cavalier (voix, postures, regard, intention...), de mieux en mieux et de plus en plus vite : c'est sa spécialité !
Le cavalier peut donc « faire bouger » chaque partie du cheval – tête, hanches ou épaules – avec un seul outil : la main, qui tient la rêne ou la longe.

Exercice n° 11 – *Céder à la traction de la longe vers le bas*

Même les chevaux « raides » peuvent baisser la tête : tous les chevaux savent brouter ! Cependant, faites le test : vous verrez que le cheval qui ne connaît pas cet exercice aura comme premier réflexe de résister vers le haut ! Placez-vous à côté du cheval, pour plus de sécurité et non pas devant. Appliquez une tension légère et constante sur la longe en direction du sol et attendez !

Si le cheval lève la tête, ne tirez pas plus fort. Opposez simplement une force égale, en résistant et accompagnez le mouvement vers le haut ; veillez à ce que la tension sur la longe ne s'interrompe pas, ni ne diminue ; le cheval va chercher dans quelle direction aller pour échapper à l'inconfort de la pression du licol. Observez très attentivement la tête : dès que vous voyez ou sentez dans votre main le plus infime mouvement vers le bas, relâchez immédiatement la tension en ouvrant la main.

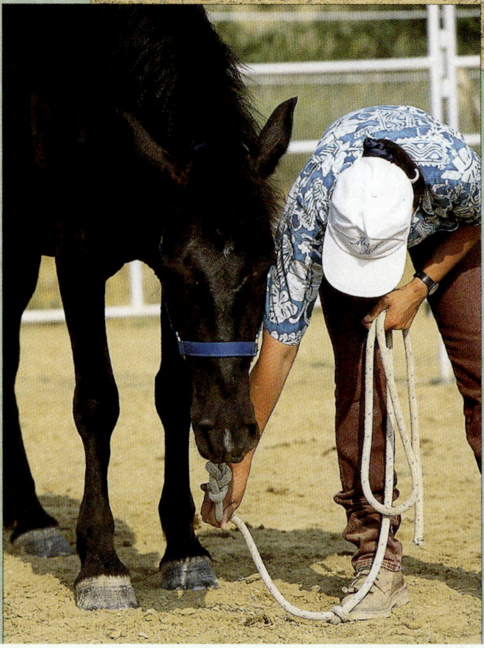

Procédez ainsi, centimètre par centimètre, jusqu'à ce que le cheval ait le nez par terre. N'espérez jamais, dès le début, obtenir que le cheval baisse la tête d'un seul coup, jusqu'au sol ; au contraire, fractionnez-lui la distance par approches et retraits successifs, et laissez-lui le temps de comprendre l'exercice.

Nota : *certains utilisent une friandise : personnellement, j'encourage mes élèves à ne pas le faire, car cela les oblige à améliorer leur « timing », ce qui sera précieux une fois qu'ils seront à cheval. De plus, l'attraction de la friandise n'apprend en rien au cheval à céder à la pression du licol sur sa tête : je le rappelle, tous les chevaux savent baisser la tête, mais très peu savent céder à la pression vers le bas. Cet exercice est indispensable pour rééduquer un cheval qui tire au renard ou qui se cabre.*

Exercice n° 12 – *Céder à la traction de la longe vers l'avant*

Rien de plus agaçant – et de plus dangereux! – qu'un cheval qui s'accule, et refuse de se porter en avant, en réponse à la traction de la longe: et pourtant, là aussi, tous les chevaux savent avancer! Il s'agira donc toujours de la même procédure: appliquer une tension constante et attendre!

Surtout, dès que le cheval se porte en avant, relâchez la tension, et n'hésitez pas à déplier votre bras. Cet exercice vous sera précieux, par exemple pour apprendre à votre cheval à monter dans un van. Là non plus, pas de carotte ou de seau de grain. L'attraction alimentaire peut s'avérer insuffisante dans certaines circonstances. En revanche, la bonne éducation, jamais!

➲ Apprendre au cheval l'utilisation du mors

Voici comment rendre les choses simples et faciles pour le cheval et pour le cavalier. Nous parlerons ici uniquement d'éducation à cheval et non d'équitation : une fois la longe accrochée sur l'anneau du mors, à gauche ou à droite, votre main partant du sol a une action directe sur le mors qui vous permet de contrôler les trois parties principales du cheval : tête, hanches, épaules. À chaque fois que vous effectuez une traction légère sur la longe, le cheval doit apprendre à céder, c'est-à-dire à détendre la longe en donnant la tête, les hanches ou les épaules.

Vous mettez donc en place entre vous et votre cheval, un langage simple et efficace qui vous permet de mieux communiquer et de conserver votre cheval léger.

N'oubliez pas le plus important : **votre main doit demander (et non pas prendre), attendre, et relâcher dès que le cheval commence à céder.**

***

En résumé, le travail à pied vous permet d'apprendre à votre cheval tous les exercices préparatoires au travail monté, sans prendre de risque. Si, par exemple, vous débourrez un jeune cheval, tout sera beaucoup plus facile pour lui et pour vous, si vous lui avez appris le mode d'emploi de la rêne unique depuis le sol ! Cela vous permettra, dès les premières minutes en selle, de contrôler chaque mouvement et d'éviter ruades et sauts de moutons...

Chapitre 6

Les bases du travail à cheval

Tout le travail d'éducation que nous avons accompli dans les chapitres précédents, d'abord en liberté, puis à pied, va nous servir maintenant dans le travail à cheval. Nous avons posé de solides fondations sur lesquelles construire la suite de l'édifice.
Le travail à cheval, **l'équitation, n'est rien d'autre que la mobilisation de la tête, des hanches, et des épaules du cheval dans un enchaînement de mouvements plus ou moins complexes et athlétiques.** La finesse de nos aides conditionne la légèreté de l'ensemble, ce qui veut dire que le cheval a appris à céder à la pression ou à la traction et non pas à s'appuyer et à résister.

1. Éducation à cheval et sécurité

De la même manière que nous avons éduqué en liberté et à pied, nous allons éduquer à cheval : les concepts « éthologiques » développés dans les premiers chapitres restent vrais dans le travail monté, et nous ne devons pas changer de comportement sous prétexte que nous sommes à cheval !
Le prédateur que nous sommes naturellement doit se transformer en un professeur, et la proie que nous enfourchons doit devenir un partenaire confiant, attentif et généreux dans son travail.
La sécurité doit rester notre préoccupation première. Dès que nous sommes en selle, chaque mouvement de notre cheval doit être parfaitement contrôlé.

2. Pédagogie équestre

Ce chapitre ne prétend en aucune manière être un traité d'équitation. En cette matière, je laisse à d'autres le soin de s'exprimer.
Je l'ai dit et je le répète : grâce à cette méthode, il s'agit avant toute chose de faire de la pédagogie équestre, et de rendre facile et simple pour le cheval autant que pour le cavalier, les bases du travail monté.
J'ai moi-même passé des heures, dans ma jeunesse, à tourner dans un manège et à essayer de comprendre les rudiments d'une épaule en dedans ou d'un appuyer, sans jamais y parvenir.
J'admets ne pas être une surdouée, mais je constate que grâce à l'éducation à pied et au travail à une rêne, je commence enfin à comprendre, à plus de quarante ans, les bases du fonctionnement mécanique des mouvements du cheval.
Ce chapitre sera consacré à l'étude du travail à une rêne, et à l'utilisation de celle-ci par la main du cavalier. Les autres aides, et notamment les jambes, bien que primordiales pour donner l'impulsion et mettre le « moteur » en route, ne seront pas abordées en détail, car je n'ai rien de bien nouveau à dire sur le sujet…

3. Trois parties, six directions

Si vous savez décomposer et analyser chaque mouvement de l'équitation à l'aide de la formule suivante :

QUI « BOUGE DE LÀ »,
ET VERS OÙ ?

Autrement dit :
- Quelle partie du cheval : **tête, hanches ou épaules** doit bouger.
- Et dans quelle direction : **haut, bas, droite, gauche, en avant, en arrière**.

Et, si vous avez appris à votre cheval – et à vous-même – à céder à 0,2 gramme de pression, dans les trois parties principales, tête, hanches, épaules et dans les six directions :

ALORS, VOUS POUVEZ ACCOMPLIR
TOUS LES MOUVEMENTS DE L'ÉQUITATION,
AUSSI COMPLEXES SOIENT-ILS.

Simpliste, diront certains ? Sûrement, car il est vrai que l'on ne peut pas réduire l'Art équestre, tel que certains grands écuyers le pratiquent, à une simple mécanique de base. La Grande Équitation est bien plus : poésie, sculpture vivante, musique des corps...
Mais pour tous ceux qui, comme moi, en sont au B - A - BA de la compréhension de cet art, il faut des repères simples que tout le monde puisse comprendre et utiliser.
Mon parti pris sera donc la simplicité.

4. L'équipement

➲ À cru ?

Sous l'influence de certains, j'ai fait à une époque beaucoup de démonstrations publiques en montant les chevaux à cru, mais avec le recul, je crois que ce n'est pas une bonne idée d'inciter les cavaliers à le faire. En effet, la selle n'a pas été seulement inventée pour le confort du cavalier mais surtout pour le confort du cheval : elle sert à répartir le poids du cavalier sur le dos du cheval. Il est vrai que c'est un vrai plaisir de monter à cru, mais si vous le faites, n'utilisez pas un cheval jeune et ne montez pas trop longtemps, sauf si vous êtes un poids plume !

TRAVAIL À CHEVAL – Exercice n° 1 – *Le montoir : immobilité*

Avant d'espérer obtenir l'immobilité au montoir, il faut avoir éduqué le cheval de façon à ce qu'il respecte l'immobilité lors du travail en liberté, puis lors du travail à pied. Si ce n'est pas le cas, il vous faut revoir les leçons précédentes avant de le monter.

Pour le montoir, si c'est un jeune cheval, voici comment je vous conseille de procéder : ajustez légèrement la rêne gauche, sans toutefois mettre du contact et, en même temps que la rêne gauche, prenez une poignée de crins. En effet, si vous attrapez la selle avec vos deux mains, celle-ci aura davantage tendance à tourner. N'ajustez pas la rêne droite pour ne pas ramener sur vous les épaules du cheval, en cas de problème. Mettez votre main droite au troussequin pour répartir le poids davantage vers l'arrière, ce qui aide le jeune cheval à s'équilibrer.

Une fois en selle, ne demandez surtout pas au cheval d'avancer. Au contraire, restez à l'arrêt pendant une ou deux minutes pour éviter qu'il prenne l'habitude d'anticiper et de bouger sans autorisation. Prenez votre temps, décontractez-vous, installez-vous confortablement dans la selle, et caressez votre cheval devant et derrière. Si c'est un cheval inexpérimenté, il doit comprendre dès les premières minutes que la « chose » qui est sur son dos bouge, et non pas le découvrir par surprise et avec effroi quelques minutes plus tard !

➲ La selle

Selon le style que vous aimez ou la discipline que vous pratiquez, choisissez la selle qui vous convient ; la seule importance pour votre cheval est qu'elle soit la plus grande possible pour une meilleure répartition du poids, et surtout que la taille de l'arçon et le dessous soient adaptés à la morphologie de votre cheval. Pas d'aspérités qui risquent de blesser, et un bon tapis pour rembourrer davantage. N'hésitez pas à utiliser les amortisseurs de dos : cela fait aussi du bien au cheval !

Nota : sur les photos, j'ai utilisé indifféremment selles anglaises ou western, pour ne pas enfermer cette technique dans un style particulier ; n'oubliez pas que les bases du travail à cheval sont rigoureusement les mêmes, quelles que soient la race de votre cheval et la discipline que vous pratiquez.

➲ Le mors

Pour l'éducation du cheval, j'utilise un mors de filet à aiguilles, à canon brisé moyen (de 12 à 15 mm de diamètre). Ce mors est un mors traditionnel que l'on trouve dans toutes les selleries. Il n'est pas autorisé en compétition d'équitation western mais la plupart des entraîneurs l'utilisent aux États-Unis pour travailler. C'est le mors le plus « pédagogique » pour le cheval, car il pousse clairement sur le côté opposé à la traction de la rêne. Il ne nécessite pas de muserolle ou de gourmette (à moins que la main du cavalier ne soit vraiment très mauvaise !).

Pour les bases du travail à cheval, j'utilise un mors de filet à aiguille équipé de rênes fermées en cordage de marine.

Exercice n° 2 – *Travail à une rêne – Les gestes de nos mains*

Exemple n° 1

Ma main droite tient les rênes « à la couture » et se lève de manière à permettre à ma main gauche d'attraper la rêne gauche courte, sans que je sois obligée de me pencher vers l'avant. Seuls mes deux bras bougent. Au début, entraînez-vous ailleurs que sur le cheval ; fabriquez-vous des rênes fictives et éduquez vos mains à fonctionner de manière indépendante l'une de l'autre.

Ma main gauche se ferme sur la rêne gauche, et ma main droite redescend au garrot, de manière à ce que ma rêne droite soit totalement longue et inactive. Ma rêne gauche établit un contact léger et constant avec la bouche et demande ainsi au cheval de donner sa tête.

ATTENTION : Il ne faut pas tracter la tête du cheval sur le côté, mais attendre qu'il réponde lui-même en donnant sa tête et en fléchissant l'encolure.

Exemple n° 2

N'hésitez pas à prendre la rêne gauche dans la main droite : bien sûr, ce n'est pas très académique, mais c'est tellement plus facile ! Je peux ainsi me servir de ma main gauche pour mettre du « moteur » derrière, en tapant sur ma cuisse. Mon objectif est de déplacer l'épaule gauche vers la droite, tout en gardant la tête légère et l'encolure incurvée vers la gauche. Je maintiens un contact dans la rêne gauche, tant que la pouliche s'appuie sur son mors, et tant que l'épaule pousse vers la gauche.

Cette fois, l'épaule a cédé à la pression, à la demande du mors et je relâche immédiatement la tension sur la rêne pour indiquer à la pouliche que c'est la bonne réponse. Les épaules se déplacent vers la droite et la tête reste sur le côté, sans chercher à s'appuyer sur le mors. Le mouvement se fait fluide et léger, car c'est la pouliche qui donne le mouvement et non pas moi qui le prends.

Exercice n° 3 – *Demander, attendre, relâcher*

Tout l'art de la légèreté consiste à savoir observer et sentir quand demander, combien de temps attendre, et quand relâcher. Mon objectif sur cette photo est de demander la tête au pas. Je mets la pouliche au pas, je maintiens un contact léger et constant avec ma rêne droite jusqu'à ce que la tête donne le pli à droite. Remarquez que la rêne gauche est totalement longue, ce qui va permettre à l'encolure de fléchir sans contrainte vers la droite.

Dès que la pouliche donne sa tête à la demande du mors, je lâche immédiatement ma rêne droite, pour lui indiquer que c'est la bonne réponse ; elle doit continuer à se déplacer au pas, tout en maintenant la flexion d'encolure. L'idéal, au début, est de relâcher dès que le cheval pense à donner sa tête, ne serait-ce que de quelques centimètres. En répétant plusieurs fois, la tête viendra de plus en plus vite et de plus en plus loin.

5. Le mors comme moyen de communication

Nous avons, dans les premiers chapitres, parlé de la nécessité de communiquer avec un langage que le cheval comprend.
Voici, pour le cheval, les données de ce langage.

➲ Confort/inconfort

Le mors crée une sensation d'inconfort dans la bouche du cheval qui est une partie extrêmement sensible.
Cet inconfort reste relatif tant que le mors n'entre pas en action. En effet, le mors au repos, bien placé dans la bouche d'un cheval finit au bout de quelques minutes par ne plus le gêner ; le cheval s'adapte vite à ce nouvel objet et cesse en général en moins d'une demi-heure d'essayer de s'en débarrasser.
En revanche, dès que le mors entre en action, à cause de la tension de la rêne, le cheval ressent une gêne, un inconfort dont il va essayer de se débarrasser.

➲ Motivation

Nous avons évoqué plus haut la nécessité de trouver une motivation qui donne au cheval une raison valable d'effectuer les mouvements que nous lui demandons en équitation.
L'inconfort créé par le mors constitue cette motivation.
Imaginez que l'on vous mette un morceau de ferraille dans la bouche, et que quelqu'un tire dessus. Vous allez tout de suite chercher dans quelle position mettre votre tête pour essayer d'échapper à la pression du mors dans votre bouche. Si la pression du mors reste constante quelle que soit votre position de tête, vous allez être désespéré, mais vous allez peu à peu apprendre à supporter la douleur ou l'inconfort créé par l'objet, et bientôt ne plus vous en préoccuper. Si, en revanche, vous vous apercevez que lorsque vous tournez la tête à gauche, par exemple, le mors cesse de tirer, alors vous allez rechercher en permanence à mettre votre tête dans la ou les positions « antalgiques », c'est-à-dire les positions qui suppriment la douleur ou l'inconfort.

Le mors devient donc pour le cavalier un outil qui crée une motivation, afin de faire exécuter au cheval tel ou tel mouvement de tête, de hanche ou d'épaule.

Mais attention ! Cela ne marche qu'à une seule condition : **le cavalier doit cesser d'actionner le mors, cesser donc de créer l'inconfort dès que le mouvement requis est obtenu.**

Exercice n° 4 – *Connecter le mors aux différentes parties du corps*

À chaque fois que le cavalier entre en contact avec le mors par l'intermédiaire d'une rêne, il relie le mors à l'une des trois parties du corps et il demande à cette partie de bouger dans une direction donnée. La rêne agit comme un téléphone qu'il faut raccrocher dès que la bonne réponse est obtenue. La rêne unique peut déplacer les hanches aussi bien que les épaules, et la tête doit rester légère pendant le déplacement.

Si l'inconfort persiste quels que soient les mouvements effectués par le cheval, bons ou mauvais, celui-ci va très rapidement s'habituer à ce désagrément supplémentaire et devenir sourd aux injonctions persistantes du mors.
Cela peut vite devenir ce que l'on observe trop souvent : l'escalade aux outils, la recherche d'un mors plus sévère dans l'espoir de mettre le cheval davantage sous contrôle…
Malheureusement, c'est une course sans fin. Disons le clairement et une fois pour toutes : ce n'est jamais l'outil, le type de mors qui crée la qualité du mouvement. Seule la main du cavalier qui l'utilise est importante. Quel que soit le type de mors que vous employez, éduquez votre main avant de penser à changer de mors : vous économiserez du temps et de l'argent.

6. Le travail à une rêne

Il suffisait d'y penser :

Une rêne + une rêne = deux rênes

Jusqu'à mes premiers stages aux États-Unis, cette idée pourtant évidente et pleine de bon sens ne m'avait jamais sauté aux yeux ; et pourtant… tout le monde a toujours parlé d'une rêne intérieure et d'une rêne extérieure. Depuis toujours, il est entendu que chacune des deux rênes a un rôle et une action bien spécifiques, mais aucun professeur jusque-là ne m'avait enseigné de manière systématique l'utilisation d'une rêne avant de passer à l'utilisation des deux rênes.
C'est pourtant une base essentielle à comprendre. Pourquoi ?
Parce que le cheval apprend plus vite (et nous aussi !) si nous lui fractionnons la difficulté en petites étapes simples.
Lorsque nous avons travaillé les exercices au sol, notre cheval était équipé d'un mors de filet, et nous lui avons appris à céder à la traction d'une seule rêne. Nous lui avons appris à **connecter ce mors aux différentes parties de son corps :**

Exercice n° 5 – *Connecter le mors aux épaules*

Dans cette série, mon objectif est d'apprendre à la pouliche à déplacer ses épaules vers la droite, tout en conservant sa tête à gauche. Pour effectuer correctement ce mouvement, il faut, d'une part, que la tête soit disponible et légère, d'autre part, que le moteur arrière soit actif. Ici, l'antérieur droit se déplace légèrement vers la droite à la demande de la rêne gauche.

Je continue à solliciter les épaules et cette fois, c'est l'antérieur gauche qui croise devant l'antérieur droit. Seule la rêne gauche est active : elle demande et relâche légèrement à chaque foulée. La rêne droite est totalement inactive. La tête est souple, la nuque est basse, à la hauteur du garrot.

La pouliche détend elle-même la rêne gauche, et c'est le moment que j'attendais pour arrêter l'exercice en relâchant tout. En effet, le but de cet exercice n'est pas de maintenir le cheval dans une position donnée, mais plutôt de lui apprendre à donner le mouvement en se portant lui-même.

tête, hanches, épaules (voir page 121). Pour tous ces exercices, nous étions placés à ses côtés et notre main exerçait une action directe sur une seule rêne pour faire bouger les trois parties.

Nota : j'ai signalé la possibilité de travailler au sol avec deux rênes, mais cela devient vite un exercice de style qui peut se révéler dangereux par manque de précision et de contrôle si le cheval mesure 1,75 m au garrot et la cavalière 1,50 m.

Une fois en selle, il est bien plus facile et évident pour le cheval de répondre à un exercice totalement similaire à celui effectué au sol, plutôt que d'ajouter tout de suite une difficulté supplémentaire qui serait de répondre à l'action de la deuxième rêne. De plus, le cheval débutant sur lequel nous montons pour la première fois aura davantage tendance à paniquer si le cavalier bloque la tête par l'action simultanée des deux rênes. En effet, nous l'avons vu dans les premiers chapitres, le siège de l'instinct de fuite se trouve dans la tête. Le cheval débutant a suffisamment de difficultés nouvelles à gérer pour ne pas en rajouter d'inutiles.
Dès que je suis en selle et pendant les premiers temps de l'éducation en selle, je vais donc exclusivement utiliser une rêne à la fois, jusqu'à ce que mon cheval soit parfaitement constant dans ce travail.
Bien sûr, travail à une rêne ne signifie en aucun cas, n'avoir qu'une seule rêne à sa disposition (ou longe dans le cas du licol) : certains le préconisent mais personnellement, je conseille vivement d'avoir une rêne de chaque côté et de pouvoir utiliser l'une ou l'autre pour plus de sécurité et de contrôle. En effet, de la même manière que nous l'avons fait à pied, nous allons pouvoir contrôler la tête, les hanches et les épaules à partir du mors et avec une seule rêne active.

7. Le mors agit comme un téléphone

John Lyons compare souvent le mors à un téléphone : c'est un moyen de communication qui vous permet de vous connecter directement aux différentes parties du corps : tête, hanches, épaules.
Avec une seule rêne, vous pouvez donc faire bouger chacune des trois parties en apprenant à votre cheval à deviner quelle partie il doit bouger pour faire cesser l'action du mors dans la bouche.
Pour cela, vous connectez votre main par l'intermédiaire de la rêne à la partie que vous souhaitez faire bouger : tête/hanche/épaule.

Exercice n° 6 – *Travail à une rêne : faire bouger les hanches – Rêne droite, hanches vers la gauche*

Mon objectif est d'apprendre à la pouliche à déplacer ses hanches vers la gauche en réponse à la demande de ma rêne droite. Cet exercice a bien sûr d'abord été enseigné à pied, dans le chapitre précédent. (voir page 110). Je prends ma rêne droite et j'établis un contact dans la bouche de manière à demander d'abord la tête ; je relâche une fraction de seconde et j'établis un nouveau contact dans la bouche, en mettant ma main derrière le troussequin pour déplacer les hanches.

Je sollicite le cheval avec un claquement de langue et je n'hésite pas à regarder le postérieur que je veux déplacer : mon langage du corps est ainsi plus facile à faire comprendre au cheval. Ici, le postérieur droit croise devant le postérieur gauche. À ce stade, j'évite d'utiliser ma jambe droite pour pousser les hanches à gauche : la leçon de jambe isolée sera pour plus tard, lorsque la leçon de mors sera parfaitement acquise.

La pouliche, non seulement termine le mouvement des hanches vers la gauche, mais en plus, elle détend elle-même sa rêne au lieu de s'appuyer dessus : j'obtiens donc simultanément la cession de la tête et des hanches ce qui est un progrès. En effet, au début, le cheval débutant arrive à donner soit la tête, soit les hanches, mais difficilement les deux en même temps. C'est la raison pour laquelle j'accroche ma main au troussequin, pour être sûre que le cheval, en s'appuyant, ne joue pas au « yoyo » avec ma main.

Voici schématiquement le déroulement de la conversation :

- Je décroche mon téléphone – action d'une rêne.
- « Allô ! Les hanches » : bougez de trois pas vers la gauche – les hanches bougent vers la gauche.
- Je raccroche le téléphone, la conversation est terminée, j'ai obtenu la réponse souhaitée – je relâche l'action de la rêne.

Bien sûr, je pourrai décrocher à nouveau en m'adressant à une autre partie.

De la même manière qu'à pied, je peux faire bouger avec la même rêne unique, la tête, les hanches ou les épaules, à cheval, je peux maintenant très facilement contrôler le mouvement de chacune des trois parties à partir de ma rêne unique.

« Allô ! Les hanches » : bougez de trois pas vers la gauche – les hanches bougent vers la gauche.

Je raccroche le téléphone, la conversation est terminée, j'ai obtenu la réponse souhaitée – je relâche l'action de la rêne.

Exercice n° 7 – Travail à une rêne : faire bouger les épaules – « Le petit train » : rêne gauche, tête et épaules vers la gauche

Mon objectif est d'apprendre à la pouliche à suivre le bout de son nez, comme une locomotive suivie des wagons. La première phase est de lui apprendre à donner sa tête à gauche, en réponse à la demande de ma rêne gauche. La rêne droite est totalement inactive. Les épaules doivent ensuite suivre le mouvement et se déplacer vers la gauche.

Je maintiens ma demande tant que la tête reste lourde et s'appuie sur le mors ; l'antérieur droit s'apprête à croiser légèrement devant l'antérieur gauche, ce qui va dans le bon sens, mais l'ensemble est lourd. La pouliche ne se tient pas dans le mouvement : elle s'appuie. Je dois persister dans la même position, jusqu'à ce qu'elle comprenne le mouvement demandé.

Cette fois, le mouvement est beaucoup plus léger : le postérieur engage loin dessous car les hanches poussent davantage, ce qui a pour effet d'alléger l'avant-main. La rêne est légèrement détendue, et la tête se porte elle-même, bien que la flexion vers la gauche soit accentuée.

Nota : il ne s'agit pas, sur cette série, d'un pivot sur les postérieurs, mais simplement de marcher au pas, en demandant aux épaules de suivre le « bout du nez ».

8. Demander/attendre/relâcher

C'est la chose la plus difficile à apprendre et pourtant la plus importante : éduquer nos mains !
Si votre main n'attend pas d'obtenir le mouvement souhaité avant de lâcher, elle apprend au cheval un mouvement non souhaité ou incomplet, puisque c'est la cessation de la demande qui indique au cheval la bonne réponse, en faisant cesser l'inconfort.
Ce qui veut dire que toute action discontinue de la rêne type « Je demande, je lâche, je demande, je lâche... » est à proscrire tant que le « Je lâche » ne correspond pas précisément au mouvement demandé.
De la même manière, si la main du cavalier cesse son action trop tard, elle n'indique pas au cheval le bon mouvement, et c'est bien là toute la difficulté : le « *timing* » doit être parfait si nous voulons communiquer avec nos mains de manière précise.
Lors d'un nouvel exercice, il ne faut pas hésiter à relâcher dès que le cheval « pense » à exécuter le mouvement requis.
L'utilisation des quatre phases successives (voir page 46) devient alors primordiale pour agir légèrement. Si je veux que mon cheval réponde au contact minimal, je dois arriver lentement dans sa bouche, en espérant qu'il répondra dès le début de mon action de main sur une rêne en guirlande, sans attendre que le mors vienne agir en pression dans sa bouche.
Par exemple, la première fois que nous apprenons à notre cheval à reculer en selle, il est important de demander le « reculer » avec une seule rêne en relâchant dès que le cheval a donné sa tête en cédant dans la nuque, et dès que le poids commence à se reporter vers l'arrière-main : n'attendez pas que l'un des membres se soit soulevé pour relâcher. Plus vous répondrez en relâchant dès l'ébauche de la marche arrière et plus votre cheval apprendra vite. Dès le deuxième ou le troisième essai, vous obtiendrez un pas puis deux, sans aucune défense de la part du cheval.
C'est la main du cavalier qui en cessant ou en maintenant l'action sur la rêne indique au cheval « bonne pioche » ou « mauvaise pioche », selon le mouvement que le cheval choisit de faire.

Exercice n° 8 – *Travail à une rêne : faire bouger les épaules – Rêne droite, tête à droite, épaules vers la gauche*

Mon objectif, cette fois-ci, est de déplacer les épaules dans le sens opposé à la flexion d'encolure. Je mets tout d'abord le moteur en route : la jument marche au pas. Dans un premier temps, je demande la tête à droite avec ma rêne droite, tout en continuant à avancer tout droit (voir exemple « marche + pli », page 108). La tête doit être légère et ne pas être en appui sur le mors : elle doit se tenir toute seule.

Lorsque la jument est à l'aise, je demande l'épaule avec ma rêne droite, jusqu'à ce que l'antérieur droit croise devant l'antérieur gauche ; les épaules doivent donc céder à la pression et se déplacer vers la gauche. J'ai connecté le mors aux épaules, et je relâche dès que j'obtiens la bonne réponse.

➲ Colin maillard

Peut-être avez-vous joué à ce jeu, étant enfant. Vous aviez les yeux bandés et il fallait attraper et reconnaître une autre personne : la seule aide consentie était les commentaires des camarades : « Tu chauffes ! » « Tu refroidis ! » « C'est tiède ! »... Imaginez-vous dans la même situation, aveugle, dans un lieu totalement inconnu et plein d'embûches, et sans personne pour vous guider vers l'objectif : c'est exactement ce que peut ressentir votre cheval lorsque vous êtes dessus, si vous ne lui donnez aucune indication pour deviner la direction du mouvement souhaité.

Exemple :

1. Je mets du contact dans ma rêne droite : mon objectif est de demander au cheval de baisser la tête.
2. Le cheval cherche à savoir dans quelle direction il doit aller, quel mouvement il doit effectuer pour se débarrasser de l'inconfort créé par le mors.
3. Il essaie vers le haut, vers la droite, vers le haut à nouveau, vers la gauche... Si la tension reste permanente, il va continuer de chercher.

4. Si, lorsqu'il qu'il amorce un imperceptible mouvement vers le bas et si, lorsqu'il commence à « penser » à baisser la tête, je ne réponds pas immédiatement en disant « tu chauffes » et en relâchant la tension, il mettra beaucoup plus de temps à trouver la bonne réponse !

   La rêne, selon qu'elle résiste ou qu'elle rend, est le moyen pour le cheval de comprendre qu'il est ou non sur la bonne voie : si elle rend quand il ne faut pas, elle indique au cheval que c'était une bonne réponse et, si la seconde d'après, il se fait punir, tout devient confus pour lui et il se dégoûte de travailler. Inversement, si la rêne ne rend jamais et tire en permanence, le cheval se met à ignorer ce langage qu'il ne comprend plus et devient « sourd » aux actions des rênes.

Exercice n° 9 – *Marche arrière*

Mon objectif est d'apprendre à mon cheval à reculer en amenant une rêne puis l'autre. Je commence par demander la tête ; avec ma rêne droite, je demande à la pouliche un très léger bout du nez à droite, et surtout une cession dans la nuque. Si, à ce stade, la pouliche avait tendance à s'appuyer et à lever sa tête, il faudrait revoir impérativement tous les exercices précédents. Ne faites jamais reculer votre cheval en lui faisant lever la tête et creuser son dos : il peut se faire mal, et c'est le chemin direct vers le cabrer !

J'établis un contact avec ma rêne droite, et j'amène lentement ma rêne gauche au contact : dès que le cheval commence à « penser » à reculer, c'est-à-dire dès que je sens le poids du corps qui commence à se reporter vers l'arrière-main, je relâche le contact et je redemande, en plusieurs fois, jusqu'à ce qu'un des membres commence à se déplacer. Au début, n'espérez pas avoir un vrai reculer, pour lequel il faudrait que les bipèdes diagonaux se déplacent successivement. Votre cheval sera timide et déplacera un membre après l'autre lentement. Caressez-le abondamment en cas de progrès, même infime.

Peu à peu, la pouliche prend de l'assurance et accepte d'avoir un contact dans les deux rênes, tout en reculant. Cependant, la tête est lourde ce qui handicape la légèreté des épaules : il faudrait ajouter du moteur arrière, afin que les postérieurs s'engagent davantage sous la masse et permettent à l'avant-main de s'alléger. Dans ce cas, je dois continuer à demander, et ne relâcher que lorsque la pouliche se tient elle-même dans la bonne position. Faites attention de ne pas demander trop, trop tôt : souvenez-vous qu'aller lentement, c'est aller plus vite ! Ne dégoûtez pas votre cheval du reculer en voulant le forcer dans le mouvement en arrière.

9. Langage du corps

Notre premier objectif, dans l'éducation à cheval, est de « connecter » la rêne droite ou gauche à l'une des trois parties principales : tête, hanches ou épaules, afin de les faire bouger dans une direction donnée. Mais comment le cheval peut-il deviner qu'il s'agit des hanches ou des épaules et vers où les déplacer ?

C'est très simple :

« If you think different, you are different. »

C'est une de mes phrases préférées, empruntée à John Lyons.

« Si vous pensez différemment, vous êtes différent. »

Cette phrase vient en réponse aux nombreuses questions que beaucoup de gens se posent sur : « comment ça marche ? ». Comment le cheval peut-il deviner quelle partie il doit bouger et dans quelle direction ?
Lorsque vous établissez un contact dans la bouche par l'intermédiaire de la rêne, le cheval essaie de deviner ce qu'il doit faire, en lisant votre langage du corps, exactement comme dans le travail en liberté. Si vous avez appris à vous concentrer au maximum sur l'objectif, et si vous avez une image mentale claire du mouvement que vous souhaitez faire, votre corps fera tout seul son travail d'indicateur.

Faites le test suivant : asseyez-vous sur une surface dure et plate ; tenez-vous droit de manière à bien sentir vos ischions (l'os que l'on sent à l'intérieur de la fesse). Écartez vos pieds et posez-les à plat ; fermez les yeux et préparez-vous à vous lever précipitamment en partant vers la droite, au signal de quelqu'un. Inconsciemment, vous allez mettre plus de poids dans l'ischion droit et sur le pied droit, pour vous préparer à partir.
Le cheval sent une mouche sur son poil : vous pensez bien que si vous déplacez ne serait-ce qu'imperceptiblement un peu de poids d'une fesse dans l'autre, votre cheval est capable, par la répétition, d'identifier ce signal comme étant celui d'une demande de mouvement.

Exercice n° 10 – *Arrêt d'urgence*

Comme son nom l'indique, ce n'est pas un arrêt académique, mais bien un arrêt à utiliser en cas d'urgence : l'objectif est donc d'apprendre au cheval un exercice bien spécifique, que l'on révise régulièrement, et qui va nous permettre, en cas de souci et quelles que soient les circonstances, de désamorcer la catastrophe et de garder le cheval sous contrôle.
L'arrêt d'urgence peut être utilisé pour désamorcer ruades et sauts de moutons, pour arrêter un cheval qui fait un écart ou embarque au galop, pour contrôler un cheval qui se cabre… Bref, c'est le remède miracle à bien des maux et je vous conseille vivement de l'utiliser!
Mais attention : impossible d'espérer l'utiliser dans de bonnes conditions, sur un cheval qui ne connaît pas l'exercice : vous pouvez le déséquilibrer et le faire tomber! Vous devez donc au préalable apprendre à votre cheval à faire cet exercice sur le cercle, en carrière ou au manège, jusqu'à ce qu'il soit parfaitement à l'aise pour l'utiliser aux trois allures.
De plus, l'arrêt d'urgence a aussi l'avantage d'être un excellent exercice intermédiaire pour apprendre au cheval à s'arrêter « droit ».

Tout d'abord, je mets le cheval en avant ; avant de travailler l'exercice au trot et au galop, vérifiez que votre cheval a bien compris l'exercice au pas. La pouliche est décontractée, les rênes sont totalement relâchées, et elle me porte sur son dos comme un passager « absent ».

Avec ma rêne gauche courte, j'établis un contact avec la bouche et je demande la tête. Au début, il faut faire des gestes lents, mais peu à peu vous devez augmenter la fréquence des mouvements de votre main pour que le cheval, en cas d'urgence, ne s'offusque pas de la vivacité de vos gestes. Pour une fois, il faut arriver dans la bouche du cheval sans brusquerie mais avec une certaine rapidité.

Exercice n° 10 – *Arrêt d'urgence (suite)*

Je me penche de plus en plus en arrière et je continue à prendre la tête du cheval sur le côté. J'emploie à dessein cette expression « prendre », car c'est un des rares exercices où l'on n'attend pas que le cheval donne : c'est une urgence et il ne doit pas s'offenser de notre fermeté ; la tête doit suivre notre main le plus loin possible sur le côté et vers l'arrière.

Je continue la même action constante de la rêne gauche et l'on voit ici le postérieur qui commence à engager plus loin dessous : l'équilibre du cheval commence à changer et il y a plus de poids sur l'arrière-main que dans la photo précédente. Cependant, la trajectoire reste la même.

Les épaules ont enfin décollé de la piste, alors que les hanches commencent à se déplacer vers la droite. Ma main est fermement calée derrière. N'hésitez pas à tenir fermement le troussequin en même temps que la rêne, de manière à ce que votre main ne soit pas tirée par la tête du cheval ; votre main doit être parfaitement fixe, et le cheval doit avoir l'impression d'être attaché à un anneau.

Les hanches désamorcent l'énergie en « désengageant » les postérieurs vers la droite, ce qui permet à l'épaule intérieure gauche de s'arrêter. Je n'ai toujours pas changé de position, et le fait que je regarde ostensiblement le postérieur gauche rend mon « langage du corps » plus explicite, en repoussant les hanches vers la droite.

Grâce au désengagement des postérieurs vers la droite, l'épaule extérieure droite peut s'arrêter, elle aussi, ce qui stoppe la motion avant. En effet, le membre antérieur ne pourra pas s'arrêter d'avancer si l'épaule ne s'arrête pas en premier.

Il manquera encore une foulée de plus du postérieur droit, et voilà ma pouliche enfin arrêtée : je peux lâcher tout et caresser abondamment. Remarquez que tout au long de l'exercice, mes jambes sont loin des flancs de la pouliche. Si je « cramponne » avec mes jambes lors de l'arrêt d'urgence, j'ai toutes les chances d'être en déséquilibre et de partir vers l'avant. Je veux au contraire être assise et accompagner en « mimant » avec mon corps tous les mouvements que le cheval doit faire.

Quant à vous, vous n'avez pas besoin de codifier ce langage de manière consciente : plutôt que de vous compliquer l'existence avec une litanie de positions académiques : « recules ta jambe, mets du poids dans la fesse droite, recules tes épaules... », lesquelles rendent l'équitation compliquée et rebutante, contentez-vous de vous concentrer, de visualiser mentalement le mouvement que vous souhaitez obtenir, et votre corps fera ce qu'il faut pour l'indiquer au cheval.

➲ L'assiette

Ce mot recouvre souvent dans la tête des cavaliers des notions assez floues. C'est pourtant très simple : il s'agit d'être assis. Je ne parle pas là de trot assis ou enlevé, je dis simplement que pour bien monter à cheval, il faut savoir être assis. Être assis, cela veut dire faire peser du poids dans les ischions (les deux os que vous sentez lorsque vous vous asseyez sur un siège dur et plat). Cela veut donc dire ne pas être debout dans les étriers.

Vos jambes doivent « pendre » de chaque côté, à la verticale, et non pas « pincer » le cheval, ou se projeter en avant parce que vous vous calez dans les étriers.

En gros et pour simplifier, imaginez-vous cul-de-jatte : vous n'avez pas de jambes. Les jambes sont réservées pour « parler » au cheval, et ne doivent en aucun cas servir à maintenir le cavalier à cheval. En effet, si celui-ci cramponne son cheval avec ses deux jambes pour « tenir » à cheval, l'un de ses outils principaux de communication avec le cheval n'est plus disponible. Impossible d'appliquer avec précision 30 grammes de pression du mollet pour tenir une hanche sur le cercle au galop ! Adieu, la finesse et la légèreté ! Réservez vos jambes pour le cheval : vous en aurez besoin pour donner l'impulsion, pour mettre du moteur : elles doivent rester disponibles !

Vous devez donc, dès le début, vous entraîner à monter à cheval assis et totalement décontracté (style poupée de chiffon) de la tête aux pieds. Seuls les abdominaux et les lombaires sont toniques et travaillent, car le bassin doit onduler et accompagner tous les mouvements du cheval en jouant le rôle d'un amortisseur. Vous devez monter « en économie d'énergie » ! Tout le reste du corps, bras, jambes, tête, doit être capable de se relâcher complètement ou de se tendre, selon les instructions que le « langage du corps » donne au cheval.

Les chevaux sont extrêmement sensibles : imaginez la quantité d'informations parasites que vous donnez sans le vouloir si vous êtes raide, si vous n'accompagnez pas le mouvement de manière décontractée, comme dans une danse !

Ce style de monte « décontracté » n'a rien d'esthétique, mais cela est indispensable pour monter efficacement de jeunes chevaux, notamment lors du débourrage. Plus tard, devant le juge, vous pourrez rectifier la position, lorsqu'il faudra faire de l'équitation ! Pour le moment, nous faisons de « l'éducation à cheval ». Si vous êtes contracté sur le dos d'un jeune cheval, vous lui rendez son travail désagréable, il apprend donc moins vite. De plus, vous l'incitez à fuir votre mauvaise assiette, c'est-à-dire à creuser son dos.
Quant à l'équilibre de l'ensemble, comme pour n'importe quel sport, il est impossible d'être en équilibre si l'on est crispé ; et il est impossible au cheval de « performer » correctement si le cavalier n'est pas en équilibre et gêne sans arrêt les mouvements de son cheval...

➲ Les gestes de nos mains

Une fois de plus, je ne vais pas me mêler de faire de l'équitation, mais seulement de faire de l'éducation à cheval, ce qui est la base de tout. Plus tard, en équitation, il est évident que nos gestes de mains devront se faire les plus discrets possibles. Mais pour l'heure, notre objectif est de trouver la manière la plus évidente et facile, pour le cheval et aussi pour le cavalier, de communiquer ensemble par l'intermédiaire d'une seule rêne et de connecter cette rêne à la tête, aux hanches ou aux épaules.
N'hésitez donc surtout pas à faire des gestes amples avec vos bras, avec vos mains et même avec tout votre corps : il est bien plus facile pour le cheval débutant de comprendre dans quelle direction vous voulez aller si vous montrez clairement cette direction par un langage du corps facile à comprendre. Si, au contraire, vous restez très immobile et raide, le cheval a du mal à deviner quel ordre vous lui donnez. De plus, vous lui rendez son travail inconfortable.

***

En résumé, lors du débourrage et pendant les premières semaines durant lesquelles le cheval fait connaissance avec « l'équitation », rendez-lui le travail le plus agréable possible, en étant vous-même décontracté sur son dos. La technique équestre viendra plus tard, lorsque « l'éducation à cheval » sera au point.

CONCLUSION

La seule ambition de cette méthode est de vous donner envie de devenir vous-même l'éducateur de votre cheval. Le cheval est une véritable « machine à apprendre » et vous ne devez pas limiter vos ambitions : ayez confiance en vous et faites-vous plaisir !

Si j'ai moi-même appris - et non inventé – ce qu'il y a dans ce livre – vous aussi pouvez le faire, si vous savez rester simple et garder votre bon sens !

Un dernier mot de John Lyons :

K.I.S.S.

« Keep It Stupid and Simple » !

À vous de jouer !